공부 감각을 키워주는

영문법+쓰기

중등 내신 서술형 맛보기

②

공부 감각을 키워주는 영문법＋쓰기 ❷

지은이 넥서스영어교육연구소
펴낸이 임상진
펴낸곳 (주)넥서스

초판 1쇄 인쇄 2020년 1월 20일
초판 1쇄 발행 2020년 2월 3일

출판신고 1992년 4월 3일 제311-2002-2호
10880 경기도 파주시 지목로 5
Tel (02)330-5500 Fax (02)330-5555

ISBN 979-11-6165-894-0 64740
　　　 979-11-6165-892-6 (SET)

www.nexusbook.com

※ 집필에 도움을 주신 선생님
　: Hyunju Lim, McKathy Green, Shawn, Julie

공감

부 각을

키워주는

영문법+쓰기

통통 내신 서술형 맛보기

2

통문장
암기 훈련
워크북 포함

ABC

넥서스영어교육연구소 지음

넥서스에듀

Q 영어 서술형은 어떻게 준비해야 할까요?

서술형 문제 비중이 점차 높아지고 있습니다. 각 지역마다 차이는 있지만 최소 30%~최대 50%이상 서술형 문제가 중간, 기말고사에 등장하고 있습니다. 학생들은 서술형이 너무 어렵다고 하면서도 어떻게 준비해야 할지를 모르는 경우가 많아, 객관식에서 거의 맞았음에도 불구하고 좋은 등급을 얻을 수 있는 고득점을 얻기에는 턱없이 부족한 점수가 나옵니다.

서술형은 이제 필수 준비 항목!

으아아악!

서술형을 포기하면 답이 없다!

그렇다면, 해결 방법은?

Aha!

★ 머릿 속에 문법 지도가 있어야 한다.
★ 문법을 사용해 제대로 문장을 쓰는 훈련을 한다.

하나 더! 통문장 암기 반복 훈련

I am a bad student.

★ 쓰면서, 말하면서, 통문장을 반복해서 암기한다.

가장 확실하고 빠르게 서술형 만점 받는 비결!

All 100

〈공감 영문법+쓰기〉 훈련만이 살 길이다!

"**공부 감각**을 키워주는 **영문법+쓰기**" 시리즈는 중학교 내신 서술형 문제를 미리 알아보고, 대비하고 싶은 학생들을 위해 개발되었습니다. 개정 교과서를 전체적으로 철저히 분석한 후, 중학교 1학년~2학년 과정의 핵심 영문법을 바탕으로 시험에 꼭 나오는 문제 중심으로 개발되었습니다. 또한 영문법은 물론, 문장 쓰기까지 마스터할 수 있도록 구성하였습니다. 현재 예비 중학생으로서 중등 영어가 고민된다면, "공감 영문법+쓰기" 시리즈로 먼저 시작해 보세요! 영어 내신 점수는 물론, 영어 문법 및 쓰기 실력까지 완벽하게 갖출 수 있으리라 기대합니다.

넥서스영어교육연구소

영문법 핵심 포인트를 한눈에!
기본 개념 Check-up

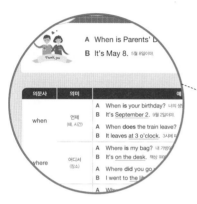

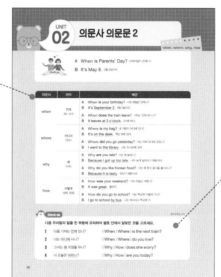

핵심 문법 내용이 한눈에 보이도록 대표 문장을 소개하고, 문법 내용을 도식화하 였습니다. 추가적인 문법 포인트는 Tips 에 담았습니다.

핵심 문법을 Check-up 문제를 통해 간단히 개념 정리할 수 있습니다.

Step by Step
단답형&서술형

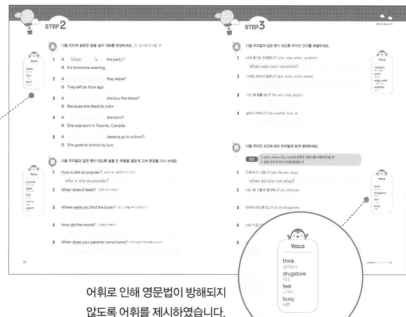

단계별 단답형, 서술형 문제를 통해 완전 한 문장을 쓸 수 있는 훈련을 하게 됩니 다. 내신 기출문제에서 등장하는 조건에 유의하여 서술형 대비 훈련을 자연스럽 게 할 수 있습니다.

어휘로 인해 영문법이 방해되지 않도록 어휘를 제시하였습니다. 서술형 대비를 위해서는 어휘는 기본적으로 암기해야 합니다.

중등 내신 서술형 맛보기
단답형&서술형

학교 시험에서 자주 등장하는 단답형, 서술형 문제유형을 통해 앞에서 학습한 내용을 복습하는 과정입니다. 핵심 문법 포인트를 기억하며 시간을 정해 놓고 시험 보듯이 풀어본다면 영작 실력 향상은 물론 서술형 시험을 완벽 대비할 수 있습니다.

통문장 암기 훈련
워크북

앞에서 학습한 내용을 통문장으로 영작해 보는 훈련을 하도록 구성하였습니다. 문법 핵심 포인트를 활용하여 문장을 쓰다 보면, 영문법 및 쓰기 실력이 쑥쑥 향상됩니다.

정답 및 해석&해설

Check-up부터 각 Step에 있는 문장의 해석이 들어 있습니다. 해석을 보고 영어로 말하고 쓸 수 있도록 정답지를 활용해 보세요. 간단한 해설을 통해 문법 포인트를 확인할 수 있습니다.

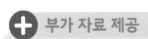 부가 자료 제공

www.nexusbook.com | www.nexusEDU.kr

모바일 단어장
VOCA TEST

  +   +

다양한 어휘 자료
어휘 출제 마법사
어휘 리스트 & 어휘 테스트
모바일 단어장 & VOCA TEST

내신 + 서술형 추가 문제
통문장 암기 훈련
챕터별 리뷰 테스트

기타 활용 자료
동사형 변화표 / 문법 용어 정리
비교급 변화표 등

Contents

Chapter 9

문장을 꾸며주는 아이들 형용사, 부사

Chapter 10

문장을 이루는 또 다른 아이들 다양한 동사와의 연결고리

통문장 암기 훈련 **워크북**   117

공부 각을 키워주는

영문법+쓰기 ①

ABC

공부감각을 키워주는 영문법+쓰기 ❶ ❷

이렇게 공부해 보세요!

1

영문법
핵심 포인트

**Unit별 필수 문법
포인트 이해하기**

❶ Chapter 시작
할 때 나오는
단어를 암기한다.

❷ 필수 문법 포인트
를 꼼꼼히 읽는다.

2

Step by Step
중등 내신 훈련

**Unit별 필수 문법
활용 문장 만들기**

❶ 문제 옆에 제시된
voca를 활용하여
문장을 만든다.

❷ 만든 문장이 맞는
지 확인한다.

❸ 틀린 문장을
다시 확인한다.

3

서술형 맛보기
단답형 & 서술형

**Chapter별
시험에 나오는 문제
미리 체험해 보기**

❶ HINT를 참고하여
문장을 만든다.

❷ 만든 문장이 맞는
지 확인한다.

❸ 틀린 문장을
다시 확인한다.

❹ 추가로 제공되는
문제를 다운로드
하여 풀어본다.

4

통문장 암기훈련
(워크북)

**Unit별 통문장
암기 훈련**

❶ 통문장 암기 훈련
워크북을 푼다.

❷ 틀린 문장을 다시
써 본다.

❸ 문장을 큰 소리로
읽으며 다시 써
본다.

영문법+쓰기
서술형완성!

**도전! 만점!
중등 내신 서술형**

❶ 영어를 문장으로
쓸 수 있게 된다.

❷ 표현하고 싶은 말
을 영어로 쓸 수
있다.

❸ 영어에 자신감이
생겨 실력이 쑥쑥
향상된다.

❹ 중학교 내신 대비
단답형+서술형
문제를 완벽히 파
악하여 만점에 대
비할 수 있다.

Study Plans

21일 완성

계획을 세우고,
매일 매일 실천하다 보면
어느새 영어가 술술~

도착

Unit 5

Unit 4

Unit 5

Chapter 10

Unit 1   Unit 2   Unit 3

Unit 4   Unit 3   Unit 2   Unit 1

Chapter 9

Chapter 8

Unit 1   Unit 2   Unit 3   Unit 4

Chapter Review

Unit 3

Unit 2   Unit 1

Chapter 7

Unit 4

Chapter Review

출발

Chapter 6

Unit 1   Unit 2   Unit 3

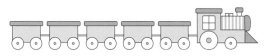

Chapter 6

문장, 다양한 모습을 보여 주다

여러 가지 문장 1

 영단어와 한국어 뜻을 각각 가리고 외워 보자!

1	different	다른	11	give up	포기하다
2	interested	관심이 있는	12	believe	믿다
3	upset	기분이 상한	13	trip	여행
4	danger	위험	14	accident	사고
5	cafeteria	구내식당	15	along	~을 따라
6	housework	집안일	16	wait	기다리다
7	headache	두통	17	lose	잃어버리다
8	scary	무서운	18	uncomfortable	불편한
9	plan	계획하다	19	message	메시지
10	laugh at	~을 비웃다	20	order	주문하다

UNIT 01 be동사 문장

A Were you sick yesterday? 너 어제 아팠니?

B Yes, I was. But I am okay now. 응. 그랬어. 하지만 지금은 괜찮아.

✓ be동사는 주어 뒤에 쓰여 '~이다', '~에 있다'의 뜻을 나타내요. 현재형에는 **am**, **are**, **is**가, 과거형에는 **was**, **were**가 있어요.

1 인칭대명사와 be동사 be동사는 주어의 인칭과 수, 그리고 시제(현재, 과거)에 따라 달라져요.

주어	현재형	과거형
I (1인칭 단수)	am	was
he / she / it (3인칭 단수)	is	
we / they / you (1·3인칭 복수, 2인칭 단·복수)	are	were

2 be동사 부정문 be동사 뒤에 not을 붙여서 부정문을 만들어요.

	부정문의 형태
현재	주어 + be동사의 현재형(am/are/is) + **not**
과거	주어 + be동사의 과거형(was/were) + **not**

3 be동사 의문문 be동사를 맨 앞으로 가져와서 의문문을 만들어요.

	의문문의 형태	대답
현재	Am/Are/Is + 주어 ~?	긍정: Yes, 주어 + am/are/is. 부정: No, 주어 + am/are/is + **not**.
과거	Was/Were + 주어 ~?	긍정: Yes, 주어 + was/were. 부정: No, 주어 + was/were + **not**.

A Are you good at soccer? 너는 축구를 잘하니?

B Yes, I am. 응. 잘해. / No, I'm **not**. 아니. 못해.

A Was it cloudy yesterday? 어제는 흐렸니?

B Yes, it was. 응. 흐렸어. / No, it **wasn't**. 아니. 흐리지 않았어.

STEP 1

A 다음 중 알맞은 것을 고르세요.

Voca
....
safe
안전한
proud of
~을 자랑스러워
하는
young
어린
same
같은

1 I
○ is
○ am
very tired.

2 You
○ is
○ are
safe now.

3 They
○ am
○ are
proud of you.

4 He
○ was
○ were
too young then.

5 We
○ was
○ were
in the same class last year.

6 Jim
○ is
○ are
a great singer.

B 다음 우리말과 같은 뜻이 되도록 빈칸에 알맞은 be동사를 쓰세요. (단, 시제에 유의할 것)

Voca
....
strong
힘센, 튼튼한
different
다른
interested in
~에 관심이 있는

1 그녀는 여덟 살이다.   She   is   8 years old.

2 나는 힘이 세지 않다.   I   not strong.

3 우리는 매우 다르다.   We   very different.

4 너는 책에 관심이 있니?   you interested in books?

5 어젯밤에 비가 내렸니?   it rainy last night?

6 너는 어제 여기에 있지 않았다.   You   not here yesterday.

STEP 2

A 다음 빈칸에 be동사의 부정형을 써서 문장을 완성하세요. (단, 시제에 유의할 것)

1 I'm honest. I am not a liar.

2 He is Canadian. He _____ _____ American.

3 Ben and I are at the gym. We _____ _____ at the library.

4 The movie was boring. It _____ _____ interesting.

5 They were doctors. They _____ _____ firefighters.

6 These gloves were cheap. They _____ _____ expensive.

B 다음 주어진 말과 be동사를 이용하여 대화를 완성하세요. (단, 시제에 유의할 것)

1 A Are they friendly to you? (they)

   B Yes, they are.

2 A _____ _____ our English teacher? (she)

   B No, she isn't.

3 A _____ _____ upset? (you)

   B No, I'm not.

4 A _____ _____ a smart student? (I)

   B Yes, you were.

5 A _____ _____ _____ in the pool? (the kids)

   B Yes, they were.

STEP 3

Ⓐ 다음 우리말과 같은 뜻이 되도록 주어진 단어를 배열하세요.

1 너는 지금 춥니? (cold, you, are, now)

> Are you cold now?

2 그녀는 위험에 처해 있다. (is, in danger, she)

3 Ted는 박물관에 있었니? (Ted, in the museum, was)

4 그 남자들은 유명한 가수들이었다. (famous singers, were, the men)

Voca

danger
위험
museum
박물관
famous
유명한
singer
가수

Ⓑ 다음 주어진 조건에 따라 우리말에 맞게 영작하세요.

조건
1. 주어의 인칭과 수에 유의하여 쓸 것
2. 시제에 유의하여 쓸 것

1 그것은 내가 좋아하는 음식이다. (it, my favorite food)

> It is[It's] my favorite food.

2 그는 훌륭한 기자이니? (he, a great reporter)

3 나는 그때 무서웠다. (I, scared, at that time)

4 Joe는 운이 좋지 않았다. (Joe, lucky)

5 너희들은 연주회에 있었니? (you, at the concert)

Voca

reporter
기자, 리포터
at that time
그때
scared
무서워하는
lucky
행운의
concert
연주회, 콘서트

UNIT 02 There is / There are

There is a pond. 연못이 있다.

There are swans in the pond. 그 연못에 백조들이 있다.

✔ There is / are는 '~가/~들이 있다'라는 의미이며, 뒤에 오는 명사의 단수, 복수에 따라 is 또는 are를 쓴다.

1 There is / are
There is / are 구문에서 there는 뜻이 없으므로 따로 해석하지 않아요.

There is	+셀 수 없는 명사, 단수명사	~가 있다
There are	+복수명사	~들이 있다

There is a spider. 거미 한 마리가 있다.

There is milk in the bottle. 병에 우유가 있다.

There are five girls. 다섯 명의 소녀가 있다.

tips milk, cheese, sand 등은 셀 수 없는 명사로 단수 형태인 There is를 써요.

2 There is / are의 부정문과 의문문

부정문	There is/are + **not** ~.	~가/~들이 없다
의문문	Is/Are there + 주어 ~?	~가/~들이 있니?
	긍정: Yes, there + is/are.	응, 있어.
	부정: No, there + is/are + **not**.	아니, 없어.

There is **not** a tree in the garden. 정원에 나무가 없다.

There are**n't** any chairs. 의자들이 없다.

Is there any cheese? 치즈가 있니?
Yes, there is. 응, 있어. / No, there isn't. 아니, 없어.

Are there eggs in the basket? 바구니에 계란이 있니?
Yes, there are. 응, 있어. / No, there aren't. 아니, 없어.

STEP 1

A 다음 그림을 보고, 빈칸에 There is 또는 There are를 쓰세요.

Voca

clock
시계
wall
벽
cloud
구름
butterfly
나비

1   There   is   a clock on the wall.

2   coffee in the cup.

3   clouds in the sky.

4   butterflies in the garden.

B 다음 중 알맞은 것을 고르세요.

Voca

frog
개구리
lion
사자
zoo
동물원
boat
배, 보트
river
강
sand
모래

1 ○ There is
  ● There are   three frogs in the pond.

2 ○ There is
  ● There are   an old house on the hill.

3 ○ There is not
  ● There are not   any lions at the zoo.

4 ○ Is there
  ● Are there   a boat in the river?

5 ○ There is
  ● There are   sand in my shoes.

STEP 2

Voca
....

cafeteria
구내식당
ruler
자
refrigerator
냉장고
lake
호수

A   다음 There is/are와 주어진 단어를 이용하여 문장을 완성하세요.

1   우리 학교에 구내식당이 있다. (a cafeteria)

There is a cafeteria   at our school.

2   그 책상 위에 두 개의 자가 있다. (two rulers)

_____ on the desk.

3   그 우편함에 편지들이 있니? (letters)

_____ in the mail box?

4   냉장고에 얼음이 있니? (ice)

_____ in the refrigerator?

5   그 호수에는 거북이들이 없다. (not, any turtles)

_____ in the lake.

Voca
....

sofa
소파
mouse
쥐, 생쥐
kitchen
주방
question
질문
enough
충분한

B   다음 밑줄 친 부분을 알맞게 고쳐 문장을 다시 쓰세요. (단, 뒤에 나오는 명사의 수에 유의할 것)

1   There <u>are</u> a cat on the sofa.

There is a cat on the sofa.

2   There <u>isn't</u> many people here.

_____

3   There are <u>mouse</u> in the kitchen.

_____

4   <u>There is</u> a question?

_____

5   There <u>are</u> not enough time.

_____

STEP 3

A 다음 우리말과 같은 뜻이 되도록 주어진 단어를 배열하세요.

Voca
....
park
공원
town
(소)도시
toy
장난감
fly
파리
room
방
bus stop
버스 정류장

1 우리 마을에 공원이 없다. (are, any parks, not, there)

　　There are not any parks　　　 in my town.

2 상자 안에 장난감들이 있니? (toys, there, are)

　　　　　　　　　　　　　　　　 in the box?

3 방 안에 파리 한 마리가 있다. (there, a fly, is)

　　　　　　　　　　　　　　　　 in the room.

4 이 근처에 버스 정류장이 있니? (is, a bus stop, there)

　　　　　　　　　　　　　　 near here?

B 다음 주어진 조건에 따라 우리말에 맞게 영작하세요.

조건　1. There is/are 구문을 사용할 것
　　　　2. 뒤에 오는 명사의 수에 유의할 것

Voca
....
dish
접시
horse
말
field
들판
empty
빈, 비어 있는
seat
좌석, 자리
street
거리

1 접시에 케이크 한 조각이 있다. (a piece of cake)

　　There is a piece of cake　　　 on the dish.

2 들판에 말들이 있다. (horses)

　　　　　　　　　　　　　 on the field.

3 빈 좌석이 없다. (any empty seats)

4 거리에 차가 많다. (many cars)

　　　　　　　　　　　　　 on the street.

5 너의 전화기에 문제가 있니? (a problem)

　　　　　　　　　　　　　 with your phone?

일반동사 문장 1

She throws a ball. 그녀는 공을 던진다.

I hit the ball. 나는 그 공을 친다.

We play baseball. 우리는 야구를 한다.

1 일반동사의 3인칭 단수 현재형 만드는 법

대부분의 동사	+-s	cleans, eats, helps, likes, runs, speaks, throws
-o, -x, -s, -ss, -sh, -ch로 끝나는 동사	+-es	does, fixes, passes, washes, catches, watches
「자음+y」로 끝나는 동사	-y → -ies	cry → cries try → tries study → studies
「모음+y」로 끝나는 동사	+ -s	buys, says, pays, enjoys
불규칙 동사	have	has

tips 주어가 I, you, 복수일 경우, 동사원형을 쓰고, 3인칭 단수(he, she, it 등)일 경우, 동사원형 +(e)s를 써요.

We **love** soccer. 우리는 축구를 좋아해요.

She **studies** hard. 그녀는 열심히 공부한다.

2 일반동사의 부정문

주어	형태	예문
I / we / you / they	주어+ do not[don't] +동사원형	I don't **like** sports. 나는 운동을 싫어한다.
he / she / it 등	주어+ does not[doesn't] +동사원형	He doesn't **know** me. 그는 나를 모른다.

3 일반동사의 의문문   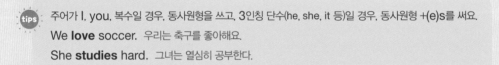 긍정은 「Yes, 주어+do/does.」로, 부정은 「No, 주어+don't/doesn't.」로 대답해요.

주어	형태	예문
I / we / you / they	Do +주어+**동사원형**?	Do you sing well? 너는 노래를 잘하니?
he / she / it 등	Does +주어+**동사원형**?	Does she study math? 그녀는 수학을 공부하니?

A 다음 중 알맞은 것을 고르세요.

1 I ⃝ go ⃝ goes to school by bus.

2 It ⃝ fly ⃝ flies well in the wind.

3 He ⃝ teach ⃝ teaches in a high school.

4 We ⃝ play ⃝ plays board games.

5 Jessy and I ⃝ ride ⃝ rides our bikes after school.

Voca

teach
가르치다
high school
고등학교
board game
보드 게임
ride
타다
bike
자전거

B 다음 주어진 단어의 현재형을 써서 문장을 완성하세요.

1 (taste) It *tastes* fantastic.

They _____ fantastic.

2 (have) She _____ good DIY skills.

You _____ good DIY skills.

3 (do) They _____ a lot of housework.

My mom _____ a lot of housework.

4 (watch) He _____ soccer games on TV.

We _____ soccer games on TV.

Voca

taste
맛이 ~하다
fantastic
환상적인
DIY(do-it-yourself)
소비자가 직접
조립하기
skill
기술
housework
집안일
watch
보다

STEP 2

Voca

dream
꿈
pet
애완동물
practice
연습하다
enjoy
즐기다

A 다음 밑줄 친 부분을 알맞게 고쳐 문장을 다시 쓰세요.

1 She <u>tell</u> about her dream. 그녀는 자신의 꿈에 대해 말한다.

> She tells about her dream.

2 I don't <u>has</u> a pet. 나는 애완동물이 없다.

3 <u>Does</u> you practice soccer every day? 너는 축구를 매일 연습하니?

4 He <u>don't</u> enjoy computer games. 그는 컴퓨터 게임을 즐기지 않는다.

Voca

remember
기억나다
pop music
대중음악, 유행가
use
사용하다

B 다음 문장을 부정문과 의문문으로 바꿀 때 빈칸에 알맞은 말을 쓰세요.

1 She remembers me.

(1) 부정문 → She does not[doesn't] remember me.

(2) 의문문 → me?

2 You like pop music.

(1) 부정문 → pop music.

(2) 의문문 → pop music?

3 They use a lot of water.

(1) 부정문 → a lot of water.

(2) 의문문 → a lot of water?

4 It makes people happy.

(1) 부정문 → people happy.

(2) 의문문 → people happy?

STEP 3

A 다음 우리말과 같은 뜻이 되도록 주어진 단어를 배열하세요.

Voca

headache
두통
strange
이상한, 낯선
downtown
시내로
weekend
주말

1 나는 두통이 있다. (a headache, have, I)

I have a headache.

2 그것이 이상하게 들리니? (sound, it, does, strange)

3 너는 여기 자주 오니? (here, you, do, come)

often?

4 이 버스는 시내로 간다. (goes, this bus, downtown)

5 그들은 주말에 일하지 않는다. (do, they, not, work)

on weekends.

B 다음 주어진 조건에 따라 우리말에 맞게 영작하세요.

조건 1. 일반동사의 현재형을 사용할 것
2. 부정문일 경우, 축약형을 사용할 것

Voca

learn
배우다
scary
무서운, 겁나는
exercise
운동하다

1 그녀는 그 시험에 대해 걱정한다. (she, worry)

She worries
about the test.

2 학생들은 학교에서 많은 것을 배운다. (students, learn)

many things at school.

3 그는 무서운 영화를 보지 않는다. (he, watch)

scary movies.

4 Kate는 매일 운동하니? (Kate, exercise)

every day?

일반동사 문장 2

과거(past)

We went to the beach last week. 우리는 지난주에 해변에 갔다.

We picked up seashells. 우리는 조개를 주웠다.

✔ 일반동사의 과거형은 과거에 일어난 일을 나타내며, 주어에 관계없이 보통 「동사원형+-(e)d」의 형태로 나타내요.

1 일반동사의 과거형 만드는 법
과거를 나타내는 말에는 yesterday, last~, ~ago, at that time 등이 있어요.

규칙 변화	대부분의 동사	+-ed	asked, talked, played, worked
	-e로 끝나는 동사	+-d	liked, loved, danced, arrived
	「단모음+단자음」으로 끝나는 동사	자음을 한 번 더 쓰고+-ed	stop – stopped drop – dropped plan – planned
	「자음+y」로 끝나는 동사	y를 i로 바꾸고 +-ed	cry – cried try – tried study – studied
불규칙 변화	현재형과 과거형이 같은 동사	cut – cut put – put hit – hit read – read[red]	
	불규칙 변화 동사	eat – ate give – gave meet – met sleep – slept do – did break – broke make – made speak – spoke go – went drink – drank run – ran tell – told have – had know – knew send – sent take – took come – came leave – left sit – sat write – wrote	

2 일반동사 과거형 부정문

부정문의 형태	예문
주어+ did not[didn't] +동사원형	I did not[didn't] **see** Ben yesterday. 나는 어제 Ben을 보지 못했다. She did not[didn't] **have** breakfast. 그녀는 아침을 먹지 않았다.

3 일반동사 과거형 의문문
긍정은 「Yes, 주어+did.」로, 부정은 「No, 주어+didn't.」로 대답해요.

의문문의 형태	예문
Did +주어+동사원형?	Did they **win** the game? 그들이 경기에서 이겼니? Did it **rain** last night? 어젯밤에 비가 내렸니?

STEP 1

 A 다음 중 알맞은 것을 고르세요.

Voca

uncle
삼촌
law
법, 법학
college
대학
plan
계획하다
train
기차

1 I ◯ did ◯ does my homework already.

2 My uncle ◯ studied ◯ study law at college.

3 We ◯ plans ◯ planned a surprise party for Jake.

4 She ◯ know ◯ knew all the answers.

5 A man ◯ speak ◯ spoke to me on the train.

 B 다음 주어진 단어를 이용하여 과거형으로 완성하세요.

Voca

idea
생각, 방안
mistake
실수, 잘못
pass
지나가다, 통과하다
table
식탁, 테이블

1 He   had   a good idea. (have)

2 I ＿＿＿＿＿ a lot of mistakes. (make)

3 Time ＿＿＿＿＿ quickly then. (pass)

4 She ＿＿＿＿＿ a lot last night. (cry)

5 They ＿＿＿＿＿ quietly at the table. (sit)

6 My dad ＿＿＿＿＿ back from work. (come)

STEP 2

A 다음 우리말과 일치하도록 [보기]에서 알맞은 단어를 골라 적절한 형태로 바꿔 쓰세요.

보기 share   visit   laugh   try

Voca
....

share
나누다, 공유하다
visit
방문하다
aunt
이모, 고모
laugh at
~을 비웃다

1 그는 열심히 노력하지 않았다.

He   did   not   try   hard.

2 우리는 점심을 나눠 먹지 않았다.

We   our lunch.

3 너는 지난주에 이모를 방문했니?

            you   your aunt last week?

4 사람들이 어제 그를 비웃었니?

            people   at him yesterday?

B 다음 밑줄 친 부분을 알맞게 고쳐 문장을 다시 쓰세요.

Voca
....

give up
포기하다
believe
믿다
trip
여행
elevator
엘리베이터
accident
사고

1 I did not <u>gave</u> up. 나는 포기하지 않았다.

I did not give up.

2 Did he <u>believes</u> you? 그가 너를 믿었니?

3 We <u>goes</u> on a camping trip. 우리는 캠프 여행을 갔다.

4 The elevator <u>stoped</u> on the fifth floor. 엘리베이터가 5층에서 멈췄다.

5 He <u>doesn't said</u> anything about the accident. 그는 사고에 대해 아무것도 말하지 않았다.

STEP 3

A 다음 우리말과 같은 뜻이 되도록 주어진 단어를 배열하세요.

1 그가 대회에서 1등상을 받았다. (won, he, the first prize)

　　He won the first prize　　　　　　in the contest.

2 우리는 강을 따라 걸었다. (walked, along the river, we)

3 그들은 어제 오래 기다렸니? (wait, they, did, long)

　　　　　　　　　　　　　　　yesterday?

4 그녀가 그 돈을 잃어버렸니? (lose, she, the money, did)

> **Voca**
> win
> (경기 등에서 이겨 무엇을) 따다
> prize
> 상
> contest
> 대회, 시합
> along
> ～을 따라
> wait
> 기다리다
> lose
> 잃어버리다, 분실하다

B 다음 주어진 조건에 따라 우리말에 맞게 영작하세요.

> **조건** 1. 일반동사의 과거형을 사용할 것
> 2. 부정문일 경우, 축약형을 사용할 것

1 네가 이 사진을 찍었니? (you, take)

　　Did you take　　　　　　　　this picture?

2 그 소녀는 불편해 보였다. (the girl, look)

　　　　　　　　　　　　　uncomfortable.

3 그는 어제 7시간 잤다. (he, sleep)

　　　　　　　　　　for seven hours yesterday.

4 나는 그 메시지를 받지 못했다. (I, get)

　　　　　　　　　　　the message.

5 우리는 스테이크를 주문하지 않았다. (we, order)

　　　　　　　　　　　steak.

> **Voca**
> uncomfortable
> 불편한
> hour
> 1시간
> message
> 메시지
> order
> 주문하다
> steak
> 스테이크

[1-4] 다음 주어진 동사의 과거형과 현재형을 각각 써서 빈칸을 채우세요.

1

(study)

I _____ Japanese three years ago.

But I _____ Spanish this year.

2

(be)

There _____ a lot of people here an hour ago.

There _____ only two people now.

HINT

일반동사 과거형에는 규칙 변화와 불규칙 변화가 있다는 것을 잊지 마세요!

3

(meet)

Sarah and I _____ last Saturday.

We always _____ on Fridays.

4

(get)

She usually _____ up early.

But she _____ up late yesterday.

[5-6] 다음 빈칸에 do의 알맞은 형태를 쓰세요.

5

They _____ work at a bank. They work at a hospital.

6

Mr. Brown _____ teach English. He teaches math.

[7-8] 다음 괄호 안의 주어진 단어를 알맞은 형태로 바꿔 문장을 완성하세요.

HINT

「단모음+단자음」으로 끝나는 동사는 과거형을 만들 때 자음을 한 번 더 쓰고 -ed를 붙여요.

7

Mr. and Mrs. Smith _____ next door to us now. (live)

They _____ friendly. (be)

8

It _____ heavily yesterday. (snow)

But it _____ this morning. (stop)

[9-10] 다음 우리말과 같은 뜻이 되도록 빈칸에 알맞은 말을 쓰세요.

9

> 그녀의 정원에는 많은 꽃들이 있다.

→ _____ _____ many flowers in her garden.

HINT

There is/are 구문은 뒤에 오는 명사가 단수냐 복수냐에 따라 be 동사가 결정돼요.

10

> 박스 안에 연필이 좀 있니?

→ _____ _____ any pencils in the box?

[11-12] 다음 문장을 주어진 지시대로 바꿀 때 빈칸에 알맞은 말을 쓰세요.

11

> Mike is a famous designer.

(1) 부정문 → Mike _____ _____ a famous designer.

(2) 의문문 → _____ Mike a famous designer?

12

> You slept on the sofa.

(1) 부정문 → You _____ _____ sleep on the sofa.

(2) 의문문 → _____ you sleep on the sofa?

[13-14] 다음 주어진 동사를 이용하여 대화를 완성하세요.

13

A _____ you from China? (be)

B No, we _____ . We are from Korea. (be, not)

14

A _____ you _____ at home all day? (stay)

B No, I didn't. I _____ to Amy's house. (go)

[15-16] 다음 밑줄 친 부분을 어법에 맞게 고치세요.

15

A Are there any ⓐ <u>bookstore</u> at the mall?

B Yes, ⓑ <u>they</u> are.

ⓐ _____   ⓑ _____

HINT

일반동사의 의문문은
「Do/Does + 주어 +
동사원형~?」의 형태
를 써요.

16

A Does the train ⓐ <u>leaves</u> at 8:00?

B No, it ⓑ <u>isn't</u>. It leaves at 7:50.

ⓐ _____   ⓑ _____

[17-20] 다음 밑줄 친 부분을 괄호 안의 지시대로 바꿔 문장을 다시 쓰세요.

17

<u>He</u> speaks French. (He를 They로)

→ _____

18

<u>I</u> go to school by bus. (I를 She로)

→ _____

19

He <u>didn't tell</u> me the truth. (현재형으로)

→ _____

20

We <u>eat</u> toast and <u>drink</u> coffee. (과거형으로)

→ _____

Chapter 7

문장, 질문에 답하다

여러 가지 문장 2

 영단어와 한국어 뜻을 각각 가리고 외워 보자!

1	hobby	취미	11	tower	타워, 탑
2	better	더 좋은, 더 나은	12	Earth	지구
3	secret	비밀	13	yellow	노란색(의)
4	prefer	~을 더 좋아하다	14	purple	자주색(의)
5	broken	고장 난	15	check	확인하다
6	leave	떠나다	16	hurt	다치다, 다치게 하다
7	taste	맛이 나다	17	vacation	휴가, 방학
8	restroom	화장실	18	weather	날씨
9	festival	축제, 페스티벌	19	drugstore	약국
10	popular	인기 있는	20	bridge	다리

UNIT 01 의문사 의문문 1

A What's your favorite subject? 네가 좋아하는 과목은 무엇이니?

B My favorite subject is science. 내가 좋아하는 과목은 과학이야.

✓ 의문사는 '누가, 무엇, 언제, 어디서, 왜, 어떻게' 등을 물을 때 사용하는 말이며, 의문사 의문문은 yes와 no로 대답할 수 없어요.

동사의 종류	의문문의 형태
be동사가 있는 문장	의문사+**be동사**+주어~?
일반동사가 있는 문장	의문사+**do/does/did**+주어+동사원형~?
조동사가 있는 문장	의문사+**조동사**+주어+동사원형~? [참고] 조동사: Chapter 10의 UNIT 01

의문사	의미	예문
who	누가, 누구를	**A** Who **is** she? 그녀는 누구니? **B** She is <u>my friend, Bella</u>. 그녀는 내 친구, Bella야. **A** Who **did** you meet yesterday? 너는 어제 누구를 만났니? **B** I met <u>James</u>. 나는 James를 만났어.
what	무엇이, 무엇을 (정해진 범위 없음)	**A** What **is** in this box? 이 상자 안에 무엇이 있니? **B** It's <u>a gift</u> for you. 그건 너에게 줄 선물이야. **A** What **do** you do after school? 너는 방과 후에 무엇을 하니? **B** I usually <u>go to the gym</u>. 나는 대개 체육관에 가.
which	어떤 것, 어떤 사람 (정해진 범위 안)	**A** Which **do** you want, fish or chicken? 너는 생선과 닭고기 중에 무엇을 원하니? **B** I want <u>fish</u>. 나는 생선을 원해. **A** Which **is** better, this one or that one? 어떤 것이 더 좋니, 이것 아니면 저것? **B** <u>This one</u> is better. 이것이 더 좋아.

 • 의문사가 주어로 쓰인 문장은 「의문사+동사~?」의 형태로 평서문과 어순이 같아요.

Who likes tea? 누가 차를 좋아하니?　　　　　　　　**What** <u>brings</u> you here? 여기 무슨 일로 왔니?

Who <u>made</u> these cookies? 누가 이 쿠키들을 만들었니?

• what, which는 「what/which+명사」의 형태로 뒤에 오는 명사를 수식하기도 해요.

What <u>time</u> is it now? 지금 몇 시니?

Which <u>bag</u> is yours, this or that? 이것과 저것 중 어떤 가방이 너의 것이니?

A 다음 우리말과 같은 뜻이 되도록 빈칸에 알맞은 말을 쓰세요.

Voca
....
name
이름
book
책
paint
(그림을) 그리다

1 너의 이름은 <u>무엇</u>이니?

   What   is your name?

2 너는 <u>누구</u>니?

                 are you?

3 이것과 저것 중 <u>어떤</u> 책이 너의 것이니?

               book is yours, this or that?

4 <u>누가</u> 이 그림을 그렸니?

             painted this picture?

5 그는 <u>무엇</u>을 하고 있니?

             is he doing?

B 다음 빈칸에 알맞은 것을 고르세요.

Voca
....
hobby
취미
tea
차
talk
말하다

1 ◯ What is
    ◯ Who is   your hobby? 너의 취미는 무엇이니?

2 ◯ Do which
    ◯ Which do   you want, coffee or tea? 커피랑 차 중에서 어떤 걸 원하니?

3 ◯ Is who
    ◯ Who is   that woman? 저 여성은 누구니?

4 ◯ What does
    ◯ Does what   Kelly study? Kelly는 무엇을 공부하니?

5 ◯ Which did
    ◯ Who did   you talk to? 너는 누구와 얘기했니?

STEP 2

A 다음 밑줄 친 부분에 유의하여 빈칸에 who, what, which 중 알맞은 말을 쓰세요.

Voca

cousin
사촌
sell
팔다
vegetable
채소
fruit
과일
sport
스포츠
better
더 좋은

1 A   Who   is the boy over there?

   B He is my cousin, Benson.

2 A _____ does the store sell?

   B It sells vegetables and fruits.

3 A _____ sport do you like better, soccer or baseball?

   B I like soccer better.

4 A _____ did you do last weekend?

   B I went to the movies.

5 A _____ made this cake?

   B Sarah made it.

B 다음 밑줄 친 부분을 알맞게 고쳐 문장을 다시 쓰세요.

Voca

color
색(깔)
hat
모자
white
하얀

1 Which is that man? 저 남자는 누구니?

   Who is that man?

2 Who color do you like? 너는 무슨 색깔을 좋아하니?

   _____

3 Who hat is yours, the white one or the black one?

   _____

4 Who want water? 누가 물을 원하니?

   _____

STEP 3

A 다음 우리말과 같은 뜻이 되도록 주어진 단어를 배열하세요.

Voca
....
secret
비밀
miss
그리워하다
way
길, 방향
season
계절
zero
0, 영

1 너의 비밀은 뭐니? (is, secret, what, your)

    What is your secret?

2 그녀는 누구를 그리워하니? (does, who, miss, she)

3 도서관은 어떤 쪽이니? (way, the library, which, is)

4 0 앞에는 어떤 숫자가 오니? (number, before zero, comes, what)

5 네가 좋아하는 가수는 누구니? (your, who, is, singer, favorite)

B 다음 주어진 조건에 따라 우리말에 맞게 영작하세요.

조건 1. who, what, which 중 알맞은 의문사를 사용하여 쓸 것
2. 괄호 안의 주어진 단어를 활용할 것

Voca
....
say
말하다
fix
수리하다
computer
컴퓨터
prefer
~을 더 좋아하다

1 저 상자들은 무엇이니? (are, those boxes)

    What are those boxes?

2 Jason이 너에게 뭐라고 말했니? (did, say to you)

3 누가 이 컴퓨터를 고쳤니? (fixed, this computer)

4 너는 닭고기와 생선 중 어떤 것을 더 좋아하니? (do, prefer)

_____, chicken or fish?

UNIT 02 의문사 의문문 2

A When is Parents' Day? 어버이날이 언제니?

B It's May 8. 5월 8일이야.

의문사	의미	예문
when	언제 (때, 시간)	**A** When **is** your birthday? 너의 생일은 언제니? **B** It's <u>September 2</u>. 9월 2일이야. **A** When **does** the train leave? 기차는 언제 떠나니? **B** It leaves <u>at 3 o'clock</u>. 3시에 떠나.
where	어디서 (장소)	**A** Where **is** my bag? 내 가방이 어디에 있니? **B** It's <u>on the desk</u>. 책상 위에 있어. **A** Where **did** you go yesterday? 너는 어제 어디에 갔었니? **B** I went to <u>the library</u>. 나는 도서관에 갔어.
why	왜 (이유)	**A** Why **are** you late? 너는 왜 늦었니? **B** <u>Because I got up too late</u>. 너무 늦게 일어났기 때문이야. **A** Why **do** you like Korean food? 너는 왜 한국 음식을 좋아하니? **B** <u>Because it is tasty</u>. 맛있기 때문이야.
how	어떻게 (상태, 방법)	**A** How **was** your weekend? 너의 주말은 어땠니? **B** It was <u>great</u>. 좋았어. **A** How **do** you go to school? 너는 학교에 어떻게 가니? **B** I go to school <u>by bus</u>. 나는 버스타고 학교에 가.

Check-up

정답 및 해설 p.08

다음 우리말의 밑줄 친 부분에 유의하여 괄호 안에서 알맞은 것을 고르세요.

1 다음 기차는 <u>언제</u> 있니?　　(When / Where) is the next train?

2 너는 <u>어디에</u> 사니?　　(When / Where) do you live?

3 그녀는 <u>왜</u> 걱정을 하니?　　(Why / How) does she worry?

4 너 오늘은 <u>어떠니</u>?　　(Why / How) are you today?

38

STEP 1

A 다음 우리말과 같은 뜻이 되도록 빈칸에 알맞은 말을 쓰세요.

Voca

restroom
화장실
snow
눈
festival
축제, 페스티벌
cry
울다

1 너는 <u>왜</u> 그렇게 행복하니?   Why   are you so happy?

2 화장실은 <u>어디에</u> 있나요?   is the restroom?

3 눈 축제는 <u>언제</u>니?   is the snow festival?

4 어젯밤에 Kelly는 <u>왜</u> 울었니?   did Kelly cry last night?

5 학교에서 너의 하루는 <u>어땠니</u>?   was your day at school?

B 다음 [보기]에서 알맞은 것을 골라 대화를 완성하세요. (단, 중복 가능)

보기   when   where   why   how

Voca

look
보이다
move
이사하다, 움직이다
borrow
빌리다
broken
고장 난

1 A   How   do I look?

B You <u>look great</u>.

2 A   was your trip?

B It was <u>fun</u>.

3 A   do you exercise?

B I exercise <u>at the gym</u>.

4 A   did he move here?

B He moved here <u>last month</u>.

5 A   did she borrow your phone?

B <u>Because her phone was broken</u>.

STEP 2

A 다음 빈칸에 알맞은 말을 넣어 대화를 완성하세요. (단, 동사에 유의할 것)

Voca
....
leave
떠나다
buy
사다
born
태어난

1 A When is the party?

B It's tomorrow evening.

2 A ____ ____ they leave?

B They left an hour ago.

3 A ____ ____ she buy the dress?

B Because she liked its color.

4 A ____ ____ she born?

B She was born in Toronto, Canada.

5 A ____ ____ Jessica go to school?

B She goes to school by bus.

B 다음 우리말과 같은 뜻이 되도록 밑줄 친 부분을 알맞게 고쳐 문장을 다시 쓰세요.

Voca
....
popular
인기 있는
taste
맛이 나다
find
찾다
movie
영화
parent
부모

1 <u>How</u> is she so popular? 그녀는 왜 그렇게 인기가 있니?

Why is she so popular?

2 <u>When</u> does it taste? 그것은 맛이 어떠니?

3 Where <u>were</u> you find the book? 너는 그 책을 어디서 찾았니?

4 How <u>did</u> the movie? 그 영화는 어땠니?

5 When <u>does</u> your parents come home? 네 부모님은 언제 집에 오시니?

STEP 3

A 다음 우리말과 같은 뜻이 되도록 주어진 단어를 배열하세요.

1 너의 휴가는 언제였니? (your, was, when, vacation)

> When was your vacation?

2 그녀는 어디서 일하니? (she, does, work, where)

3 그는 왜 화를 냈니? (he, why, was, angry)

4 날씨가 어떠니? (the weather, how, is)

> **Voca**
>
> vacation
> 휴가, 방학
> work
> 일하다
> angry with
> ~에게 화난
> weather
> 날씨

B 다음 주어진 조건에 따라 우리말에 맞게 영작하세요.

조건 1. when, where, why, how 중 알맞은 의문사를 사용하여 쓸 것
2. 괄호 안의 주어진 단어를 활용할 것

1 언제 비가 그쳤니? (did, the rain, stop)

> When did the rain stop?

2 너는 왜 그렇게 생각하니? (do, think so)

3 약국이 어디에 있니? (is, the drugstore)

4 너는 지금 기분이 어떠니? (do, feel, now)

5 너는 어제 왜 그렇게 바빴니? (were, so busy, yesterday)

> **Voca**
>
> think
> 생각하다
> drugstore
> 약국
> feel
> 느끼다
> busy
> 바쁜

UNIT 03 의문사 의문문 3

A How tall is he? 그는 키가 얼마나 크니?

B He is 100cm tall. 100센티미터야.

✓ 「how+형용사/부사」의 형태는 '얼마나 ~한/하게'라는 의미를 나타내요.

의문사	의미	예문
how old	나이	**A** How old are you? 너는 몇 살이니? **B** I'm 12 years old. 나는 열두 살이야.
how tall	키	**A** How tall is your brother? 너의 형은 얼마나 키가 크니? **B** He is 170cm tall. 그는 170cm야.
how many (+복수명사)	수	**A** How many eggs do you need? 너는 몇 개의 계란이 필요하니? **B** I need two eggs. 두 개의 계란이 필요해.
how much (+셀 수 없는 명사)	가격, 양	**A** How much is that? 저것은 얼마인가요? **B** It is ten dollars. 10달러예요.
how often	빈도	**A** How often do you go out? 너는 얼마나 자주 외출하니? **B** Three times a week. 일주일에 세 번.
how long	길이, 소요 시간	**A** How long is the movie? 그 영화는 얼마나 기니? **B** It is two hours long. 두 시간이야.

 tips 위에 언급된 형용사/부사 외에 far, fast, heavy 등 다양한 형용사와 부사를 쓸 수 있어요.

How far is the museum? 박물관은 얼마나 머니? (거리)
How fast do you run? 너는 얼마나 빨리 달리니? (속도)
How heavy is it? 그것은 얼마나 무겁니? (무게)

 Check-up

정답 및 해설 p.09

다음 우리말과 일치하도록 괄호 안에서 알맞은 것을 고르세요.

1 너는 몇 살이니? (How old / How long) are you?

2 이것은 얼마인가요? (How many / How much) is this?

3 그들은 얼마 동안 거기에 머물렀니? (How long / How often) did they stay there?

A 다음 우리말과 같은 뜻이 되도록 빈칸에 알맞은 「how+형용사/부사」를 쓰세요.

Voca

tall
키가 큰
heavy
무거운
often
자주
cook
요리하다
far
멀리

1 Peter는 키가 얼마나 크니?   ⬚ How ⬚ tall ⬚ is Peter?

2 그 가방은 얼마나 무겁니?   ⬚ ⬚ is the bag?

3 너는 얼마나 자주 요리를 하니?   ⬚ ⬚ do you cook?

4 그 병원은 얼마나 머니?   ⬚ ⬚ is the hospital?

5 우리에게 돈이 얼마나 있니?   ⬚ ⬚ money do we have?

B 다음 [보기]에서 알맞은 단어를 고르고 how를 사용해 대화를 완성하세요.

보기   many   often   long   tall   much

Voca

building
건물
meter
미터(길이의 단위)
children
아이들
month
달, 월
class
수업

1 **A** ⬚ How ⬚ tall ⬚ is the building?
   B It is 500 meters tall.

2 **A** ⬚ ⬚ children does Mr. Smith have?
   B He has three children.

3 **A** ⬚ ⬚ water do you drink every day?
   B I drink eight glasses of water.

4 **A** ⬚ ⬚ do you watch movies?
   B I watch movies once a month.

5 **A** ⬚ ⬚ is the class?
   B It is an hour long.

STEP 2

A 다음 빈칸에 알맞은 말을 써서 밑줄 친 부분을 묻는 의문문을 완성하세요.

Voca
....
sister
자매
read
읽다
eat out
외식하다
once
한 번
bridge
다리

1 A How old is your grandpa?

   B He is <u>seventy years old</u>.

2 A ___ ___ ___ your sister?

   B She is <u>160 cm</u> tall.

3 A ___ ___ ___ ___ you read a month?

   B I read <u>five books</u> a month.

4 A ___ ___ ___ you eat out?

   B We eat out <u>once a week</u>.

5 A ___ ___ ___ the bridge?

   B It is <u>2km</u> long.

B 다음 밑줄 친 부분을 알맞게 고쳐 문장을 다시 쓰세요.

Voca
....
Earth
지구
clean
청소하다

1 How old <u>the Earth is</u>? 지구는 몇 살이니?

   How old is the Earth?

2 How big <u>are</u> her garden? 그녀의 정원은 얼마나 크니?

3 How often <u>do</u> he clean his room? 그는 얼마나 자주 방을 청소하니?

4 How many <u>child</u> were here? 여기에 얼마나 많은 아이들이 있었니?

5 How <u>many</u> cake did you eat? 너는 케이크를 얼마나 먹었니?

STEP 3

A 다음 우리말과 같은 뜻이 되도록 주어진 단어를 배열하세요.

Voca

tower
타워, 탑
friend
친구
meet
만나다

1 너의 부모님은 연세가 어떻게 되시니? (are, your parents, how old)

How old are your parents?

2 그 타워는 높이가 얼마나 되니? (is, how tall, the tower)

3 너는 몇 명의 친구가 있니? (have, friends, you, how many, do)

4 이 상자는 얼마나 무거우니? (this box, is, how heavy)

5 그는 얼마나 자주 Alice를 만나니? (meet, he, Alice, how often, does)

B 다음 주어진 조건에 따라 우리말에 맞게 영작하세요.

조건   1. 「how+형용사 / 부사」를 사용하여 쓸 것
     2. 괄호 안의 주어진 단어를 활용할 것

Voca

know
알다
dog
개
milk
우유
bottle
병

1 너는 얼마나 그를 잘 아니? (how well, know, him)

How well do you know him?

2 너의 개는 얼마나 똑똑하니? (how smart, your dog)

3 병에 우유가 얼마나 있니? (how much, milk, there, in the bottle)

4 그녀는 얼마나 자주 쇼핑하러 가니? (how often, go shopping)

[1-4] 다음 빈칸에 알맞은 의문사를 넣어 대화를 완성하세요.

1

A _____ is her name?

B Her name is Lucy.

2

A _____ is Kelly?

B She is at school.

HINT
....
누구인지 물어볼
때는 의문사 who
를 써요.

3

A _____ are those girls?

B They are my classmates.

4

A _____ are you so tired?

B Because I studied late last night.

[5-7] 다음 빈칸에 공통으로 들어갈 의문사를 쓰세요.

5

A _____ is your hobby?

B My hobby is playing the piano.

A _____ time is it now?

B It's 9 o'clock.

6

A _____ do you like better, yellow or purple?

B I like yellow better.

A _____ book is yours, this one or that one?

B That one is mine.

7

A _____ is the weather?

B It's cloudy.

A _____ often do you check your e-mail?

B I check my e-mail almost every day.

[8-10] 다음 빈칸에 알맞은 말을 써서 밑줄 친 부분을 묻는 의문문을 완성하세요.

8   I hurt my arm <u>last Tuesday</u>.

→ _____ did you hurt your arm?

9   <u>Jane</u> told me the news.

→ _____ told you the news?

10   It has <u>eight legs</u>.

→ _____ legs does an octopus have?

[11-13] 다음 밑줄 친 부분을 바르게 고쳐 쓰세요.

11
A   <u>Where</u> did you buy these jeans?   → _____
B   I bought them yesterday.

12
A   <u>How many</u> time do we need?   → _____
B   We need thirty minutes.

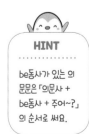

HINT

be동사가 있는 의
문문은 「의문사 +
be동사 + 주어~?」
의 순서로 써요.

13
A   Why <u>you were</u> late?   → _____
B   I was late because I missed the bus.

[14-16] 다음 우리말과 일치하도록 주어진 단어를 이용하여 문장을 완성하세요.

14 너의 누나는 몇 살이니? (how old, your sister)

→ _____

15 너는 오늘 오후에 어디에 있었니? (where, you)

→ _____ this afternoon?

16 그는 언제 학교를 마치니? (when, he, finish)

→ _____ school?

HINT

일반동사가 있는 의문문은 「의문사 + do/does/did + 주어 + 동사~?」의 순서로 써요.

[17-20] 다음 주어진 단어를 이용하여 질문에 대한 알맞은 대답을 쓰세요.

17
A Where does Clare live?
B _____ (she, live, in Toronto)

18
A How tall is your father?
B _____ (he, be, 180cm tall)

19
A How much are these shoes?
B _____ (they, be, 30 dollars)

20
A What did you have for lunch?
B _____ (I, have, a tuna sandwich)

Chapter 8

문장, 또 다른 모습을 보여주다

여러 가지 문장 3

 영단어와 한국어 뜻을 각각 가리고 외워 보자!

1	quiet	조용한, 고요한	11	moment	순간, 시기
2	trash	쓰레기	12	helpful	도움이 되는
3	cheer up	기운을 내다	13	hope	희망
4	touch	만지다, 감동시키다	14	wonderful	멋진, 훌륭한
5	enter	들어가다	15	palace	궁전
6	nervous	불안해하는, 초조한	16	comfortable	편한
7	disappointed	실망한, 낙담한	17	tight	꽉 조이는
8	hurry	서두르다	18	amazing	놀라운
9	choose	선택하다, 고르다	19	necklace	목걸이
10	tonight	오늘 밤	20	straight	똑바로, 곧장

UNIT 01 명령문

Cross at the crosswalk. 횡단보도로 건너라.

Don't run in the classroom. 교실에서는 뛰지 마라.

✔ 명령문은 '~해라' '~하지 마라'라는 의미로 상대방에게 명령, 지시, 요청하는 문장이에요. 긍정 명령문은 동사원형으로 시작하고, 부정 명령문은 「Do not[Don't]+동사원형」으로 나타내요.

	형태	의미
긍정 명령문	동사원형~.	~해라
부정 명령문	Do not[Don't] + 동사원형~.	~하지 마라

Close the door. 문을 닫아라.

Be nice to your friends. 친구들에게 잘 대해줘라.

Do not cross the street here. 여기서 길을 건너지 마라.

Don't be late. 늦지 마라.

tips
- 명령문의 앞이나 뒤에 please를 붙이면 공손한 표현이 돼요.
  Pass me the salt, **please**. 소금 좀 건네주세요.
  Please, don't be angry at me. 나에게 화를 내지 마세요.

- '~하라' 문장을 명령문으로 표현할 수 있어요.
  You should close the door. → **Close** the door.
  You should not be late. → **Don't be** late.

 Check-up

정답 및 해설 p.12

다음 우리말과 같은 뜻이 되도록 괄호 안에서 알맞은 것을 고르세요.

1 서둘러라. (Hurry / Hurries) up.

2 정직해라. (Do / Be) honest.

3 일어나세요. (Stand / Standing) up, please.

4 내게 거짓말하지 마. (No do / Do not) lie to me.

5 수줍어하지 마. (Don't be / Be don't) shy.

STEP 1

A 다음 우리말과 같은 뜻이 되도록 [보기]에서 알맞은 말을 골라 적절한 형태로 바꿔 쓰세요.

| 보기 | move | try | be | forget | go |

1 다시 해 봐.   <u>Try</u> again.

2 일찍 잠을 자라.   _____ to bed early.

3 착한 학생이 되거라.   _____ a good student.

4 움직이지 마라.   Don't _____ .

5 숙제 잊지 마라.   _____ _____ your homework.

Voca

bed 침대
early 이른, 빠른
forget 잊다
homework 숙제

B 다음 그림을 보고, 주어진 단어를 이용하여 명령문을 완성하세요.
(단, 가능한 경우 축약형으로 쓸 것)

1   <u>Turn</u> right. (turn)

2   _____ your hands. (wash)

3   _____ _____ trash here. (not, throw)

4   _____ _____ . (quiet)

5   _____ _____ a picture. (not, take)

Voca

turn 돌다, 돌리다
hand 손
trash 쓰레기
throw 던지다
quiet 조용한, 고요한

STEP 2

A 다음 보기와 같이 명령문으로 바꿀 때, 문장을 완성하세요.

보기

You cheer up. 너는 기운을 낸다.

Cheer up. 기운 내.

Voca

cheer up
기운을 내다
sit
앉다
truth
진실
touch
만지다
afraid
두려워하는

1 You sit down. 너는 앉는다.

_____ down, please. 앉으세요.

2 You tell me the truth. 너는 내게 진실을 말한다.

_____ me the truth. 내게 진실을 말해줘.

3 You don't touch that. 너는 저것을 만지지 않는다.

Don't _____ that. 저것을 손대지 마.

4 You don't be afraid. 너는 두려워하지 않는다.

Don't _____ afraid. 두려워하지 마.

B 다음 문장을 명령문으로 바꿔 쓰세요.

Voca

smile
미소
noise
소음
enter
들어가다

1 You have a good trip. 너는 멋진 여행을 한다.

Have a good trip. 멋진 여행을 해라.

2 You use one cup a day. 너는 하루에 컵 하나만 사용한다.

_____ 하루에 컵 하나만 사용해라.

3 You make a big smile. 너는 환하게 웃는다.

_____ 환하게 웃어라.

4 You don't make a noise. 너는 떠들지 않는다.

_____ 떠들지 마라.

5 You don't enter my room. 너는 내 방에 들어가지 않는다.

_____ 내 방에 들어가지 마라.

STEP 3

 A 다음 우리말과 같은 뜻이 되도록 주어진 단어를 배열하세요.

1 TV를 꺼라. (the TV, turn off)

> Turn off the TV.

2 긴장하지 마. (be, nervous, don't)

3 이 사진을 봐. (this picture, look at)

4 그녀를 더 이상 믿지 마. (trust, do, her, not)

anymore.

5 창문을 열지 마. (the window, open, don't)

Voca

turn off
(전기 · 수도 등을)
끄다
nervous
불안해하는
trust
믿다, 신뢰하다
open
열다

 B 다음 주어진 조건에 따라 우리말에 맞게 영작하세요.

조건
1. 명령문을 사용해서 쓸 것
2. 괄호에 주어진 단어를 활용할 것

1 행복해져라. (happy)

> Be happy.

2 너의 꿈을 좇아라. (follow, your dreams)

3 실망하지 마. (not, be, disappointed)

4 실수하지 마. (not, make, a mistake)

Voca

follow
따라가다
disappointed
실망한, 낙담한

UNIT 02 제안문/청유문

Let's **go** out for dinner. 우리 저녁 먹으러 가자.

How about **going** to a Chinese restaurant?
중국 식당에 가는 게 어때?

✓ 제안문/청유문은 '~하자', 또는 '~하지 말자'라고 상대방에게 제안하거나 권유하는 문장이에요.

1 제안문

	형태	의미
긍정 제안문	Let's + 동사원형	~하자
부정 제안문	Let's not + 동사원형	~하지 말자

Let's **take** a walk. 산책하자.

Let's not **worry** about it. 그것에 대해 걱정하지 말자.

2 제안을 나타내는 표현

How[What] about	+동사원형-ing~?	~하는 게 어때?
Why don't we	+동사원형~?	우리 ~하는 게 어때?
Shall we	+동사원형~?	우리 ~할까?

Let's **go** to the beach. 해변에 가자.

= How[what] about **going** to the beach? 해변에 가는 게 어때?

= Why don't we **go** to the beach? 우리 해변에 가는 게 어때?

= Shall we **go** to the beach? 우리 해변에 갈까?

tips 제안문에는 다음과 같이 대답할 수 있어요.
승낙 : Sure. / Of course. 물론이야. That's a good idea. 좋은 생각이야. Good. 좋아. Okay. 알았어.
거절 : (I'm) sorry, (but) I can't. / I'm afraid I can't. 미안해, 할 수 없어.

STEP 1

A 다음 우리말과 같은 뜻이 되도록 [보기]에서 알맞은 말을 골라 Let's 제안문을 완성하세요.

보기   waste   talk   have   hurry   eat   go

Voca

hiking
하이킹, 도보 여행
hurry
서두르다
waste
낭비하다

1 재미있게 놀자.   Let's   have   fun.

2 하이킹하러 가자.   hiking.

3 뭘 좀 먹자.   something.

4 서두르지 말자.   .

5 시간 낭비하지 말자.   time.

6 그것에 대해서 이야기하지 말자.   about it.

B 다음 중 알맞은 것을 고르세요.

Voca

ask
묻다
birthday
생일
cake
케이크

1 Let's
  ⃝ friends.
  ⃝ be friends.   우리 친구하자.

2 Let's
  ⃝ ask not
  ⃝ not ask   her. 그녀에게 물어보지 말자.

3 How about
  ⃝ learn
  ⃝ learning   new things? 새로운 것을 배우는 게 어때?

4 Why don't we
  ⃝ make
  ⃝ making   a birthday cake for Mom?
엄마를 위해 생일 케이크를 만드는 게 어때?

5 Shall we
  ⃝ meet
  ⃝ meeting   tomorrow? 우리 내일 만날까?

STEP 2

A 다음 괄호 안에 주어진 단어를 이용하여 Let's를 이용한 제안문을 완성하세요.

Voca
....

choose
선택하다, 고르다
again
한 번 더, 다시
take a walk
산책하다
tonight
오늘 밤

1 Let's choose one. (choose)

2 ____ ____ them again. (use)

3 ____ ____ a walk in the park. (take)

4 ____ ____ ____ anymore. (not, wait)

5 ____ ____ ____ out tonight. (not, eat)

6 ____ ____ ____ late for school. (not, be)

B 다음 괄호에 주어진 표현을 이용하여 뜻이 같아지도록 문장을 완성하세요.

Voca
....

snack
간식
something
어떤 것[일], 무엇
break
휴식(시간)
join
가입하다

1 Why don't we <u>buy</u> some snacks? (How about ~?)
     How about buying ____ some snacks?

2 Let's <u>do</u> something fun. (What about ~?)
     ____ something fun?

3 What about <u>having</u> lunch together? (Shall we ~?)
     ____ lunch together?

4 Shall we <u>take</u> a break? (Why don't we ~?)
     ____ a break?

5 How about <u>joining</u> the photo club? (Let's ~)
     ____ the photo club.

STEP 3

A 다음 우리말과 같은 뜻이 되도록 주어진 단어를 배열하세요.

1 선물 가게에 가 보자. (a gift shop, visit, let's)

> Let's visit a gift shop.

2 너무 멀리 가지 말자. (too far, not, let's, go)

3 이 아이스크림을 시식해 보자. (let's, this ice cream, taste)

4 이 순간을 잊지 말자. (forget, this moment, not, let's)

Voca
- visit
  방문하다
- far
  멀리
- moment
  순간, 시기

B 다음 주어진 조건에 따라 우리말에 맞게 영작하세요.

> **조건**
> 1. 제안문의 형태에 유의할 것
> 2. 괄호에 주어진 단어를 활용할 것

1 집 청소하자. (let, clean the house)

> Let's clean the house.

2 수업을 시작할까? (shall we, begin the lesson)

3 우리 여기서 사진을 찍는 게 어때? (why don't we, take a picture)

4 우리의 꿈에 대해 이야기하는 게 어때? (how about, talk about, our dreams)

5 우리 컴퓨터 게임을 하지 말자. (let, play computer games)

Voca
- begin
  시작하다
- lesson
  수업, 교훈

UNIT 03 부가의문문

A The weather is nice, **isn't it?** 날씨가 좋다, 그렇지 않니?

B Yes, it is. 응, 그래.

✓ 부가의문문은 상대방에게 동의를 구하거나 상대방의 의사를 확인하기 위해 문장 뒤에 붙인 간단한 의문문이에요.

1 부가의문문

be동사의 부가의문문	**It** is hot today, **isn't it?** 오늘 덥다, 그렇지 않니? **Ron** wasn't in the library, **was he?** Ron은 도서관에 없었어, 그랬지?
일반동사의 부가의문문	**Ben** doesn't eat eggs, **does he?** Ben은 계란을 먹지 않아, 그렇지? **They** won the game, **didn't they?** 그들이 경기에서 이겼어, 그렇지 않니?
조동사의 부가의문문	**You** will forgive her, **won't you?** 너는 그녀를 용서할 거야, 그렇지 않니? (won't = will not) **Jessica** can't swim, **can she?** Jessica는 수영을 못해, 그렇지? ◀ [참고] 조동사: Chapter 10의 UNIT 01

 부가의문문 만드는 방법

① 앞부분이 긍정이면 부정으로, 부정이면 긍정으로 만듦 (단, 부정인 경우 축약형을 사용)

    are → aren't / aren't → are / did → didn't / didn't → did

② be동사와 조동사는 그대로, 일반동사는 주어와 시제에 따라 **do/does/did**를 사용함

    They live in Seoul, **don't** they?

    She will be here soon, **won't** she?

③ 부가의문문의 주어는 평서문의 주어를 대명사로 바꿈

    Tom swims well, doesn't **he?**

2 부가의문문의 응답
부가의문문의 내용과 상관없이 긍정이면 yes, 부정이면 no로 대답해요.

A You don't walk to school, **do you?** 너는 학교에 걸어가지 않지, 그렇지?

B **Yes**, I do. / **No**, I don't. 응, 걸어가. / 아니, 걸어가지 않아.

STEP 1

 A 다음 밑줄 친 부분에 유의하여 알맞은 것을 고르세요.

1 You <u>are</u> a good cook,

- are you?
- aren't you?

2 The test <u>wasn't</u> difficult,

- was it?
- wasn't it?

3 He <u>didn't</u> hear the news,

- did he?
- didn't he?

4 They <u>speak</u> French,

- do they?
- don't they?

5 Tom <u>can</u> run very fast,

- can he?
- can't he?

Voca
....
test
시험
speak
말하다
French
프랑스어
run
달리다

 B 다음 빈칸에 알맞은 말을 넣어 부가의문문을 완성하세요.

1 It <u>is</u> Monday, _isn't_ it?

2 They <u>weren't</u> in the yard, _____ they?

3 You <u>live</u> in this town, _____ you?

4 You <u>slept</u> late, _____ you?

5 Anne <u>can't</u> ride a bicycle, _____ she?

6 The party <u>will</u> start at five, _____ it?

Voca
....
yard
마당
violin
바이올린
bicycle
자전거

STEP 2

A 다음 빈칸에 알맞은 말을 넣어 부가의문문을 완성하세요.

Voca
········
twin
쌍둥이
exciting
신나는
soon
곧
without
~없이

1 Mike is your cousin, <u>isn't</u> <u>he</u> ?

2 They aren't twins, ?

3 The game wasn't exciting, ?

4 He came home early, ?

5 You like spaghetti, ?

6 This computer doesn't work, ?

7 Bill will be here soon, ?

8 We can't live without water, ?

B 다음 밑줄 친 부분을 알맞게 고쳐 문장을 다시 쓰세요.

Voca
········
glasses
안경
robot
로봇
helpful
도움이 되는
fresh
신선한
close
(문 등을) 닫다
club
동호회, 동아리

1 You broke my glasses, <u>did</u> you? 네가 내 안경을 깨뜨렸지, 그렇지 않니?

    You broke my glasses, didn't you?

2 Robots are very helpful, aren't <u>robots</u>? 로봇들은 매우 유익해, 그렇지 않니?

3 This salad isn't fresh, <u>isn't</u> it? 이 샐러드는 신선하지 않아, 그렇지?

4 The store closes on Sundays, <u>don't</u> it? 그 가게는 일요일에 문을 닫지, 그렇지 않니?

5 Lily won't join our club, will <u>you</u>? Lily는 우리 동아리에 가입하지 않을 거야, 그렇지?

STEP 3

A 다음 우리말과 같은 뜻이 되도록 주어진 단어를 배열하세요.

1 그녀는 춤을 잘 못 춰, 그렇지? (can't, she, dance well, can, she)

> She can't dance well, can she?

2 그는 자신의 돈을 모두 써버렸어, 그렇지 않니? (all his money, he, didn't, spent, he)

3 그들은 너의 반 친구가 아니야, 그렇지? (aren't, they, your classmates, are, they)

4 너는 내 이름을 기억하지 못해, 그렇지? (don't, you, my name, you, do, remember)

Voca

dance
춤; 춤을 추다
spend
쓰다
classmate
급우, 반 친구
remember
기억하다

B 다음 주어진 조건에 따라 우리말에 맞게 영작하세요.

조건
1. 알맞은 부가의문문을 쓸 것
2. 괄호에 주어진 단어를 활용할 것

1 Nora는 예쁜 소녀야, 그렇지 않니? (be, a pretty girl)

> Nora is a pretty girl, isn't she?

2 Jenny가 우리를 도와줄 거야, 그렇지 않니? (will, help us)

3 그는 너의 충고를 받아들이지 않았어, 그렇지? (take your advice)

4 Bella는 항상 아침밥을 걸러, 그렇지 않니? (always skip, breakfast)

5 너는 어제 집에 없었어, 그렇지? (be, at home)

Voca

pretty
예쁜
advice
조언, 충고
skip
거르다, 빼먹다
breakfast
아침 식사

UNIT 04 감탄문

What a delicious dish it is! 정말 맛있는 요리구나!

How well you cook! 너는 정말 요리를 잘하는구나!

 감탄문은 기쁨이나 슬픔, 놀라움 등을 나타내는 문장으로 '정말 ~하구나!'라는 의미를 나타내요.

종류	형태
What으로 시작하는 감탄문	What + (a/an) + 형용사 + 명사(+ 주어 + 동사)!
How로 시작하는 감탄문	How + 형용사/부사(+ 주어 + 동사)!

What a lovely girl (she is)! 그녀는 정말 사랑스러운 소녀구나!
What cute cats (they are)! 그것들은 정말 귀여운 고양이들이구나!

How fast (he swims)! 그는 정말 빨리 수영하는구나!
How expensive (this watch is)! 이 시계는 정말 비싸구나!

tips
- What으로 시작하는 감탄문에서 명사가 복수명사나 셀 수 없는 명사인 경우 a/an을 붙이지 않아요.
  What delicious cake it is! 그것은 정말 맛있는 케이크구나!

- What 감탄문과 How 감탄문에서 주어와 동사는 종종 생략되기도 해요.
  What a lovely girl! 정말 사랑스러운 소녀구나!
  How fast! 정말 빠르구나!

 **Check-up**

정답 및 해설 p.16

다음 밑줄 친 부분에 유의하여 괄호 안에서 알맞은 것을 고르세요.

1 (What / How) <u>kind</u> she is! 그녀는 정말 친절하구나!

2 (What / How) <u>a funny story</u> it is! 그것은 정말 재미있는 이야기구나!

3 (What / How) <u>fast</u> the train is! 그 기차는 정말 빠르구나!

4 (What / How) <u>an old house</u> it is! 그것은 정말 오래된 집이구나!

 A 다음 빈칸에 what 또는 how를 써서 감탄문을 완성하세요.

Voca
....

messy
지저분한, 엉망인
wonderful
멋진, 훌륭한
sweet
달콤한, 단
surprising
놀라운, 놀랄

1 How friendly she is!

2 _____ a messy room!

3 _____ tall trees they are!

4 _____ strange the man is!

5 _____ wonderful the life is!

6 _____ sweet these apples are!

7 _____ surprising news you have!

 B 다음 괄호 안에 주어진 말을 배열하여 감탄문을 완성하세요.

[1–3] what 감탄문

Voca
....

palace
궁전
easy
쉬운
thick
두꺼운

1 What a great palace it is! (a, what, palace, great)

2 _____ this is! (easy, an, question, what)

3 _____ they are! (boxes, what, heavy)

[4–6] how 감탄문

4 How fast he talks! (fast, how)

5 _____ the book is! (how, thick)

6 _____ his house is! (clean, how)

STEP 2

 A 다음 보기와 같이 괄호에 주어진 단어로 시작하는 감탄문을 완성하세요.

보기

The river is very deep. (how) 그 강은 매우 깊다.
How deep the river is!

Voca
·············
warm
따뜻한
heart
심장, 가슴
comfortable
편한
shoe
신발
turtle
거북

1 You have a very warm heart. (what) 너는 정말 따뜻한 마음을 가졌다.

you have!

2 These are very comfortable shoes. (what) 이것들은 정말 편한 신발이다.

these are!

3 The movie was very interesting. (how) 그 영화는 매우 흥미로웠다.

the movie was!

4 The turtle moves very slowly. (how) 그 거북이는 정말 천천히 움직인다.

the turtle moves!

B 다음 밑줄 친 부분을 바르게 고쳐 문장을 다시 쓰세요.

Voca
·············
tight
꽉 조이는[딱 붙는]
jeans
청바지
country
나라
lazy
게으른

1 What a tight jeans she is wearing! 그녀는 정말 꽉 끼는 청바지를 입었구나!

What tight jeans she is wearing!

2 How a big country it is! 그곳은 정말 큰 나라구나!

3 What a great idea has she! 그녀는 정말 좋은 생각을 가지고 있구나!

4 How a hard he studies! 그는 정말 열심히 공부하는구나!

5 What lazy Ryan is! Ryan은 정말 게으르구나!

STEP 3

A 다음 우리말과 같은 뜻이 되도록 주어진 단어를 배열하세요.

Voca

healthy
건강한
voice
목소리
hope
희망
handsome
잘생긴

1 그녀는 정말 노래를 잘하네요! (sings, well, how, she)

　　How well she sings!

2 너는 정말 건강해 보이는구나! (healthy, look, you, how)

3 그녀는 정말 예쁜 목소리를 가졌구나! (a, voice, what, beautiful, has, she)

4 너는 정말 큰 희망을 가지고 있구나. (great, you, hope, have, a, what)

5 그는 정말 잘생긴 소년이구나! (boy, he, what, a, is, handsome)

B 다음 주어진 조건에 따라 우리말에 맞게 영작하세요.

조건
1. 감탄문의 형태에 유의할 것
2. 괄호에 주어진 단어를 활용할 것

Voca

perfect
완벽한
air
공기
silly
어리석은
amazing
놀라운
job
일

1 그것은 정말 완벽한 계획이구나! (what, perfect, plan)

　　What a perfect plan (it is)!

2 공기가 정말 맑구나! (how, fresh, the air)

3 나는 정말 어리석구나! (how, silly, I)

4 그들은 정말 놀라운 일을 했구나! (what, amazing, job, did)

[1-4] 다음 우리말과 같은 뜻이 되도록 주어진 단어를 이용하여 문장을 완성하세요.

1 조용히 해주세요. (quiet)

→ _____ _____, please.

2 여기서 쉬자. (take)

→ _____ _____ a break here.

3 수업 시간에는 말하지 마라. (not, talk)

→ _____ _____ during the class.

4 밤늦게 그녀에게 전화하지 말자. (not, call)

→ _____ _____ _____ her late at night.

[5-7] 다음 빈칸에 알맞은 말을 써서 부가의문문을 완성하세요.

5 You will help me, _____ _____?

6 Mr. Collin is a police officer, _____ _____?

7 Hannah didn't feed the fish, _____ _____?

[8-9] 다음 문장을 감탄문으로 바꿀 때 빈칸에 알맞은 말을 쓰세요.

8 You have very big eyes. (what)

→ _____ _____ _____ you have!

9 The painting is very beautiful. (how)

→ _____ _____ the painting is!

66

[10-13] 다음 문장에서 어법상 <u>어색한</u> 부분을 찾아 바르게 고쳐 문장을 다시 쓰세요.

10
> Don't sad.

→ _____

11
> Let's having a cup of coffee.

→ _____

12
> This necklace looks expensive, isn't it?

→ _____

13
> How a great singer he is!

→ _____

HINT
....
what으로 시작
하는 감탄문은
「What+(a/an)
+형용사+명사+
(주어+동사)」의
형태로 써요.

[14-16] 다음 문장을 괄호 안의 주어진 지시대로 바꿔 다시 쓰세요.

14
> You go straight down the street. (명령문으로)

→ _____

15
> Let's play soccer after school. (Why don't we ~? 제안문으로)

→ _____

16
> The mountain is very high. (how 감탄문으로)

→ _____

정답 및 해설 p.17

[17-19] 다음 밑줄 친 우리말과 일치하도록 주어진 단어를 바르게 배열하여 문장을 완성하세요.

17

A Mom, my watch is broken.
아빠는 그것을 고칠 수 있죠, 그렇지 않나요? (can, it, dad, he, can't, fix)

B I'm not sure. Let's ask him.

→ _____

HINT

how로 시작하는 감탄문은 「How + 형용사/부사 + (주어 + 동사)」의 순서로 써요.

18

A 그 영화는 정말 지루했어! (was, boring, the movie, how)

B Yeah. I fell asleep during the movie.

→ _____

19

A It is raining hard outside.

B Really? 오늘은 외출하지 말자. (not, go out, let's)

→ _____ today.

20 다음 밑줄 친 ①~⑤ 중 어법상 어색한 것 두 개를 찾아 바르게 고치세요.

A Kate's birthday is coming.

B It is this Saturday, ① is it?

A Yes, it is. How about ② throwing her a surprise party?

B ③ What a great idea you have!

A Let's ④ keeping this our secret. Okay?

B ⑤ Don't worry. I won't tell her.

→ _____   _____

68

Chapter 9

문장을 꾸며주는 아이들

형용사, 부사

영단어와 한국어 뜻을 각각 가리고 외워 보자!

1	wild	야생의	11	envy	부러워하다
2	desert	사막	12	send	보내다
3	delicious	맛있는	13	quick	빠른, 신속한
4	poor	가난한, 비곤한,	14	real	진짜의, 사실의
5	huge	막대한, 거대한	15	cozy	아늑한
6	fantastic	환상적인, 뛰어난	16	care for	~을 돌보다
7	confident	자신감 있는	17	satisfied with	~에 만족하는
8	tire	피곤하게 만들다	18	traffic	교통(량)
9	shock	충격을 주다	19	bright	기발한, 밝은
10	please	(남을) 기쁘게 하다	20	important	중요한

형용사의 종류와 역할

Rachel is wearing a **red** dress. Rachel은 빨간 드레스를 입고 있다.

She looks **beautiful**. 그녀는 아름다워 보인다.

✓ 형용사는 (대)명사를 수식하거나 (대)명사의 성질, 상태, 크기 등을 나타내는 말이에요.

1 형용사의 종류

기분, 성격	kind 친절한 happy 행복한 sad 슬픈 rude 무례한 wise 현명한
상태	new 새로운 old 늙은, 오래된 good 좋은 bad 나쁜 young 젊은, 어린 clean 깨끗한 dirty 더러운
크기, 모양	big 큰 small 작은 short 짧은 tall 키가 큰 square 네모난 round 둥근
색깔	white 흰 red 빨간 blue 파란 black 검은 yellow 노란
맛	salty 짠 bitter 쓴 sour 신 sweet 달콤한 delicious 맛있는
날씨	cold 추운 warm 따뜻한 sunny 화창한 rainy 비가 내리는 snowy 눈이 내리는 windy 바람이 부는

2 형용사의 역할

역할	예문
명사 앞에서 명사 수식	He is a great soldier. 그는 훌륭한 군인이다. This is my new bike. 이것이 내 새 자전거이다.
동사 뒤에서 주어를 보충 설명	This song is popular. 이 노래는 인기가 있다. You look nice today. 너는 오늘 멋있어 보인다.

• -thing, -one, -body로 끝나는 대명사는 형용사가 뒤에서 수식해요.
   We will do **something fun**. 우리는 재미있는 뭔가를 할 것이다.

• be, become, 감각동사(look, feel, sound, smell, taste)는 형용사와 함께 써요.
   I **feel great** today. 나는 오늘 기분이 좋다.
   It **smells good**. 그것은 냄새가 좋다.

STEP 1

A 다음 문장에서 형용사를 찾아 동그라미 하세요.

1 Are you ready?

2 I'm so hungry.

3 They are busy.

4 We are good friends.

5 It is sunny today.

6 They help poor children.

7 Sophia is wearing a blue hat.

8 These are delicious cookies.

Voca
....
hungry
배고픈
poor
가난한, 빈곤한
delicious
맛있는

B 다음 중 알맞은 것을 고르세요.

1 Helen is very
— friend.
— friendly.

2 Mandy sold
— her old car.
— old her car.

3 She has
— a cute puppy.
— a puppy cute.

4 I felt
— sleep
— sleepy
in class.

5 There isn't
— new anything
— anything new
in the newspaper.

Voca
....
cute
귀여운
puppy
강아지
newspaper
신문

STEP 2

 A 다음 [보기]와 같이 두 문장의 의미가 통하도록 빈칸을 완성하세요.

> **보기** She has long hair. → Her hair is <u>long</u>.

Voca
....
sour
신, 시큼한
lemon
레몬
plan
계획

1 It is a scary dog. → The dog is _____.

2 It is a sour lemon. → The lemon tastes _____.

3 She has a beautiful voice. → Her voice is _____.

4 You have a great plan. → Your plan sounds _____.

5 They are comfortable shoes. → The shoes are _____.

 B 다음 괄호에 주어진 단어를 넣어 문장을 다시 쓰세요.

Voca
....
hobby
취미
empty
텅 빈
wild
야생의, 자생의
desert
사막
blog
블로그

1 It's my <u>hobby</u>. (favorite)

> It's my favorite hobby.

2 These are <u>bottles</u>. (empty)

_____

3 I want <u>something</u>. (cold)

_____

4 They live in a <u>desert</u>. (wild)

_____

5 There is <u>nothing</u> on this blog. (interesting)

_____

STEP 3

A 다음 우리말과 같은 뜻이 되도록 주어진 단어를 배열하세요.

Voca

huge
막대한, 거대한
fan
팬, 열성적인 애호가
rose
장미
smell
냄새가 나다
doll
인형

1 그들은 유명한 가수들이다. (are, singers, famous, they)

They are famous singers.

2 나는 축구의 광팬이다. (am, a, huge, I, fan of soccer)

3 그 빨간 장미는 냄새가 향기롭다. (red, smell, the, roses, sweet)

4 내 어린 여동생은 인형을 아주 좋아한다. (little, dolls, my, loves, sister)

B 다음 주어진 조건에 따라 우리말에 맞게 영작하세요.

조건
1. 형용사의 쓰임에 유의할 것
2. 현재, 과거, 미래 시제에 유의할 것

Voca

fantastic
환상적인
confident
자신감 있는
place
장소

1 우리는 정말 멋진 하루를 보냈다. (have, a fantastic day)

We had a fantastic day.

2 나는 내 가족이 자랑스럽다. (be proud of, my family)

3 너는 자신감이 생길 것이다. (will, become, confident)

4 너는 어제 재미있는 것을 했니? (do, anything, fun)

yesterday?

5 나는 지난 주말에 흥미로운 곳을 방문했다. (visit, an interesting place)

last weekend.

UNIT 02 부정 수량 형용사와 감정 형용사

Water parks are always **exciting**. 워터파크는 언제나 신난다.

There are **many** rides and slides. 많은 탈 것과 미끄럼틀이 있다.

1 부정 수량 형용사   부정 수량 형용사는 정해지지 않은 수나 양을 나타내요.

	많은	약간의, 몇몇의	거의 없는
셀 수 있는 명사	many	a few	few
셀 수 없는 명사	much	a little	little
수 또는 양	a lot of [lots of]	some / any	—

Don't put **much[a lot of / lots of]** salt in my soup. 내 수프에 많은 소금을 넣지 마.

She invited **a few[some]** friends. 그녀는 몇몇 친구를 초대했다.

 some은 주로 긍정문, 제안문, 권유문에서 쓰이고, any는 주로 부정문, 의문문에서 쓰여요.
〈긍정문〉 She bought **some** snacks. 그녀는 약간의 간식을 샀다.
〈부정문〉 I don't need **any** help. 나는 도움이 필요 없다.

2 감정 형용사   감정 형용사는 감정 동사에 -ing 또는 -ed를 붙여 만든 형태로, 쓰임에 주의해야 해요.

감정 동사	감정 형용사	
동사 원형	-ing (감정을 일으키는 주체)	-ed (감정을 느끼는 주체)
interest 흥미를 끌다	interesting 흥미롭게 만드는	interested 흥미를 느끼는
bore 지루하게 하다	boring 지루하게 만드는	bored 지루함을 느끼는
excite 흥분시키다	exciting 흥분하게 만드는	excited 흥분을 느끼는

The baseball game was **exciting**. 야구 게임은 흥미진진했다.

We are **excited** about our summer vacation. 우리는 여름방학으로 신이 나 있다.

 그 밖의 감정형용사에는 surprising – surprised, disappointing – disappointed, shocking – shocked, touching – touched, amazing – amazed 등이 있어요.

정답 및 해설 p.19

 A 다음 밑줄 친 부분에 유의하여 괄호 안에서 가장 알맞은 것을 고르세요.

Voca
....

desk
책상
sugar
설탕
street
도로, 거리

1 We use too [much / many] <u>water</u>.

2 There are [much / many] <u>books</u> on my desk.

3 I need [a few / a little] <u>sugar</u>.

4 We visited [a few / a little] <u>countries</u>.

5 The poor man has [few / little] <u>money</u>.

6 There were [few / little] <u>people</u> on the street.

7 I <u>didn't</u> make [some / any] <u>mistakes</u>.

8 It <u>had</u> [some / any] <u>problems</u>.

 B 다음 중 알맞은 것을 고르세요

Voca
....

bore
지루하게 만들다
grade
성적, 학점
tire
피곤하게 만들다
shock
충격을 주다
please
(남을) 기쁘게 하다

1 The movie is
  ○ boring.
  ○ bored.

2 I was
  ○ disappointing
  ○ disappointed
  with my test grades.

3 The job is very
  ○ tiring.
  ○ tired.

4 We were
  ○ shocking
  ○ shocked
  at the news.

5 This song is very
  ○ pleasing
  ○ pleased
  to the ear.

STEP **2**

A 다음 우리말과 같은 뜻이 되도록 [보기]에서 알맞은 말을 골라 쓰세요.

many   a few   a little   few   little

Voca
....
catch
잡다
visitor
방문객, 손님
coin
동전
pocket
주머니
information
정보
writer
작가

1 Harry는 물고기를 많이 잡았다.

Harry caught   *many*   fish.

2 이 곳은 방문객들이 거의 없다.

This place has   visitors.

3 그녀는 차에 우유를 조금 넣었다.

She put   milk in her tea.

4 내 주머니에 몇 개의 동전이 있다.

I have   coins in my pocket.

5 그 작가에 대한 정보가 거의 없다.

There is   information about the writer.

B 다음 밑줄 친 부분을 알맞게 고쳐 문장을 다시 쓰세요.

Voca
....
firework
불꽃놀이
letter
편지
result
결과

1 Do you have any <u>interest</u> ideas?

   Do you have any interesting ideas?

2 The fireworks were <u>amaze</u>.

3 I am <u>please</u> with your letter.

4 You will be <u>surprise</u> at the result.

STEP 3

A 다음 우리말과 같은 뜻이 되도록 주어진 단어를 배열하세요.

1 나는 어제 많은 책을 샀다. (books, bought, I, many, yesterday)

> I bought many books yesterday.

2 그녀는 패션에 관심이 있다. (is, she, interested, in fashion)

3 그는 집안일을 많이 한다. (does, a lot of, he, housework)

4 그 이야기는 정말 감동적이었다. (the story, very touching, was)

Voca

fashion
유행, 패션
housework
가사, 집안일
story
이야기
touching
감동적인

B 다음 주어진 조건에 따라 우리말에 맞게 영작하세요.

> **조건** 1. many, much, a few, a little, any를 한 번씩만 사용할 것
> 2. 괄호에 주어진 단어를 활용할 것

1 너는 많은 물을 쓰면 안 된다. (use, water)

You should not   use much water   .

2 로봇들은 사람들을 위해 많은 것들을 한다. (robots, do, things)

_____ for people.

3 그들은 몇 시간 전에 떠났다. (left, hours)

_____ ago.

4 내 수프에 약간의 소금을 넣어 줘. (put, salt)

_____ in my soup.

5 나는 주말에 아무런 계획이 없다. (have, plans)

_____ for the weekend.

Voca

robot
로봇
put
넣다, 놓다
salt
소금
soup
수프

부사의 형태와 역할

Mrs. Jones is **very friendly.** Jones 아주머니는 매우 친절하시다.

She smiles **warmly.** 그녀는 따뜻하게 미소를 짓는다.

✓ 부사는 「형용사+ly」의 형태로 '~하게'라는 의미를 나타내고, 동사, 형용사, 다른 부사 또는 문장 전체를 수식해요.

1 부사의 형태

대부분의 형용사	형용사+-ly	sad – sadly	careful – carefully	wise – wisely
-y로 끝나는 형용사	y → i+ly	easy – easily	happy – happily	busy – busily
-le로 끝나는 형용사	le → ly	simple – simply	possible – possibly	gentle – gently
형용사와 형태가 같은 부사	fast – fast 빠른 – 빨리 late – late 늦은 – 늦게		early – early 이른 – 일찍 hard – hard 어려운, 열심히 하는 – 열심히	
-ly가 다른 뜻이 되는 경우	late – lately 늦은, 늦게 – 최근에 near – nearly 가까운, 가까이 – 거의 close – closely 가까운, 가까이 – 긴밀히, 유심히		hard – hardly 힘든, 열심히 – 거의 ~않는 high – highly 높은, 높게 – 매우	
기타 부사	very 매우　　so 아주　　too 너무　　well 잘　　pretty 꽤, 상당히			

He looked around **carefully.** 그는 조심스럽게 주위를 둘러보았다.
Lucy studies **hard** at school. Lucy는 학교에서 열심히 공부한다.

 tips lonely(외로운), lovely(사랑스러운), friendly(친절한)는 -ly로 끝나지만, 부사가 아니라 형용사예요.

2 부사의 역할

역할	예문
동사 수식	My mom <u>cooks well</u>. 우리 엄마는 요리를 잘 하신다.
형용사 수식	Mr. Thompson is <u>very rich</u>. Thompson 씨는 매우 부유하다.
부사 수식	She spoke <u>so quietly</u>. 그녀는 매우 조용하게 말했다.
문장 전체 수식	<u>Luckily, we arrived on time</u>. 운이 좋게도, 우리는 정시에 도착했다.

STEP 1

A 다음 주어진 형용사를 부사로 바꾸세요.

1 soft   softly

2 slow

3 careful

4 loud

5 quiet

6 kind

7 wise

8 strange

9 fast

10 clear

11 quick

12 lucky

13 busy

14 happy

15 easy

16 simple

Voca

soft
부드러운
wise
지혜로운, 현명한
clear
분명한, 확실한
quick
빠른, 신속한
simple
간단한, 단순한

B 다음 문장에서 부사를 찾아 동그라미 하세요.

1 You look really upset.

2 He is a very diligent man.

3 Snails move slowly.

4 I sat there quietly.

5 You should get up early.

6 She forgets things easily.

7 Spend your money wisely.

8 Suddenly, Eric had a bright idea.

Voca

diligent
근면한, 성실한
snail
달팽이
spend
(돈을) 쓰다
bright
기발한, 밝은

STEP 2

A 다음 중 알맞은 것을 고르세요.

1 The wind blows
- ○ gentle.
- ○ gently.

2 My parents smiled
- ○ happy.
- ○ happily.

3 I got up
- ○ late
- ○ lately
this morning.

4 We are practicing
- ○ hard
- ○ hardly
for the game.

5 Sammy dances very
- ○ good.
- ○ well.

B 다음 [보기]와 같이 주어진 단어를 알맞은 형태로 써서 문장을 완성하세요.

| 보기 | (good) | My mom is a <u>good</u> cook. (좋은)
Sam plays the piano <u>well</u>. (잘) |

1 (fast) He is a _____ runner. (빠른)

She swam very _____ . (빠르게)

2 (careful) He is a _____ driver. (주의 깊은)

Chris listened to him _____ . (주의 깊게)

3 (quick) Ted is a _____ learner. (빠른)

She answered the phone _____ . (빠르게)

4 (real) This is a _____ story. (진짜의)

I _____ envy you. (진짜, 정말)

STEP 3

A 다음 우리말과 같은 뜻이 되도록 주어진 단어를 배열하세요.

Voca
....
laugh
(소리 내어) 웃다
loudly
큰 소리로

1 우리는 매우 기쁘다. (so, happy, are, we)

We are so happy.

2 단 것을 너무 많이 먹지 마라. (eat, many, don't, sweets, too)

3 나는 한국 음식을 아주 좋아한다. (I, Korean food, very, like, much)

4 그는 큰 소리로 웃었다. (he, loudly, laughed)

B 다음 주어진 조건에 따라 우리말에 맞게 영작하세요.

조건 1. 알맞은 부사를 사용해서 쓸 것
2. 현재, 과거, 현재 진행 시제에 유의할 것

Voca
....
cheap
싼, 값싼
find
찾다
free
무료의
science
과학
hard
열심히

1 그들은 런던에서 행복하게 산다. (live, happy, in London)

They live happily in London.

2 여기는 음식이 정말 저렴하다. (the food, real, cheap, here)

3 운 좋게도 나는 공짜 표를 찾았다. (lucky, find, a free ticket)

4 그 아이들은 아름답게 노래했다. (the children, sing, beautiful)

5 나는 과학을 열심히 공부하고 있다. (be studying, science, hard)

빈도부사

Billy **always** gets up early. Billy는 항상 일찍 일어난다.

He is **never** late for school. 그는 절대 학교에 늦지 않는다.

✓ 빈도부사는 어떤 일이 얼마나 자주 일어나는지를 나타내는 부사로, be동사나 조동사의 뒤, 일반동사 앞에 와요.

100% ↑↓ **0%**	always 항상	Mr. Hanks always <u>works</u> hard. (일반동사 앞) Hanks 씨는 항상 열심히 일한다.
	usually 대개, 보통	I <u>am</u> usually at home in the evening. (be동사 뒤) 나는 저녁에는 보통 집에 있다.
	often 종종, 자주	She often <u>sends</u> me e-mails. (일반동사 앞) 그녀는 종종 나에게 이메일을 보낸다.
	sometimes 가끔	He <u>is</u> sometimes very rude. (be동사 뒤) 그는 가끔 매우 무례하다.
	never 절대 ~ 않는	You <u>will</u> never know the truth. (조동사 뒤) 너는 절대 진실을 알 수 없을 것이다.

Check-up

정답 및 해설 p.22

다음 우리말과 같은 뜻이 되도록 빈칸에 알맞은 말을 쓰세요.

1 나는 <u>항상</u> 행복하다.　　　　　I am　*always*　happy.

2 우리는 <u>대개</u> 학교를 3시에 마친다.　　We 　　　　　 finish school at three.

3 런던에는 <u>자주</u> 비가 내린다.　　　　It 　　　　　 rains in London.

4 그는 <u>가끔</u> 외롭다.　　　　　　　　He is 　　　　　 lonely.

5 나는 다시는 <u>절대</u> 거짓말을 하지 <u>않겠다</u>.　I will 　　　　　 lie again.

82

STEP 1

정답 및 해설 p.22

A 다음 중 알맞은 것을 고르세요.

Voca

try
시도하다
on
(장치, 기계, 전기 등이) 켜져 있는, 작동하는

1 We
⚪ never will
⚪ will never
give up. 우리는 절대 포기하지 않을 것이다.

2 They
⚪ usually open
⚪ open usually
at ten. 그들은 대개 10시에 문을 연다.

3 He
⚪ always tries
⚪ tries always
new things. 그는 항상 새로운 것을 시도한다.

4 She
⚪ often is
⚪ is often
tired from work. 그녀는 종종 일 때문에 피곤하다.

5 I
⚪ sometimes sleep
⚪ sleep sometimes
with the TV on. 나는 가끔 TV를 켜 둔 채 잠을 잔다.

B 다음 우리말과 같은 뜻이 되도록 주어진 단어를 이용하여 문장을 완성하세요.

Voca

life
인생, 삶
full of
~로 가득한
toast
토스트, 구운 빵
understand
이해하다

1 인생은 가끔 힘들다. (be, sometimes)

Life   is   sometimes   hard.

2 그곳은 항상 사람들로 붐빈다. (be, always)

It   full of people.

3 나는 종종 강을 따라 자전거를 탄다. (often, ride)

I   my bike along the river.

4 그녀는 대개 아침으로 토스트를 먹는다. (usually, have)

She   toast for breakfast.

5 너는 결코 나를 이해하지 못할 것이다. (will, never, understand)

You   me.

STEP 2

A 다음 밑줄 친 부분을 알맞게 고쳐 문장을 다시 쓰세요.

Voca

send
보내다
text
message
문자 메시지
go to bed
자다, 취침하다
bored
지루한

1 You <u>always can</u> use my phone. 너는 항상 내 전화를 사용해도 된다.

You can always use my phone.

2 She <u>sends often</u> text messages to me. 그녀는 종종 나에게 문자 메시지를 보낸다.

3 Kate <u>sometimes is</u> angry at me. Kate는 가끔 나에게 화를 낸다.

4 He <u>goes usually</u> to bed at ten. 그는 대개 10시에 잠을 잔다.

5 I <u>never am</u> bored at school. 나는 학교에서 전혀 지루하지 않다.

B 다음 밑줄 친 부분에 유의하여 괄호 안의 말을 넣어 문장을 다시 쓰세요.

Voca

be there for
~을 위해 있다,
~ 곁에 있다
change
변하다, 달라지다
skip
거르다, 건너뛰다
walk
산책시키다

1 I <u>am</u> there for you. (always)

I am always there for you.

2 Tina <u>is</u> free on Thursdays. (usually)

3 He <u>will</u> change. (never)

4 We <u>skip</u> breakfast. (often)

5 Ed <u>walks</u> his dog. (sometimes)

STEP 3

A 다음 우리말과 같은 뜻이 되도록 주어진 단어를 배열하세요.

Voca

cozy
아늑한
shorts
반바지
care for
~을 돌보다
each other
서로
satisfied with
~에 만족하는

1 그녀의 집은 항상 아늑하다. (her house, cozy, is, always)

Her house is always cozy.

2 Clare는 때때로 반바지를 입는다. (wears, sometimes, Clare, shorts)

3 그들은 대개 서로를 돌본다. (care for, they, usually, each other)

4 그는 절대 자신의 성적에 만족하지 않는다. (is, satisfied, he, never)

with his grades.

B 다음 주어진 조건에 따라 우리말에 맞게 영작하세요.

조건
1. 빈도부사의 위치에 유의할 것
2. 괄호에 주어진 단어를 활용할 것

Voca

hometown
고향
go fishing
낚시를 가다
traffic
교통(량)

1 나는 항상 그들을 사랑할 것이다. (will, love, them)

I will always love them.

2 그는 종종 자신의 고향을 그리워한다. (miss, his hometown)

3 Sean은 때때로 낚시를 하러 간다. (go fishing)

4 아침에는 대개 교통이 혼잡하다. (the traffic, be, heavy)

in the morning.

5 너는 절대 혼자가 아니다. (be, alone)

비교급과 최상급

The elephant is bigger **than** the bear. 코끼리는 곰보다 크다.

The giraffe is **the** tallest animal. 기린은 키가 가장 큰 동물이다.

✓ 비교급과 최상급은 어떤 대상을 서로 비교할 때 쓰는 형용사와 부사의 형태예요.
비교급은 두 개의 대상을, 최상급은 세 개 이상의 대상을 비교할 때 사용해요.

1 비교급과 최상급의 형태

규칙 변화	대부분의 경우	+-er/-est	long – longer – longest
	-e로 끝나는 경우	+r/-st	wise – wiser – wisest
	「단모음+단자음」으로 끝나는 경우	자음을 한 번 더 쓰고 +-er/-est	big – bigger – biggest
	「자음+y」로 끝나는 경우	y를 i로 바꾸고 +-er/-est	easy – easier – easiest
	2~3 음절 이상의 단어 「형용사+-ly」의 부사	more/most + 원급	famous – more famous – most famous happily – more happily – most happily
불규칙 변화		good / well – better – best many / much – more – most	bad – worse – worst little – less – least

2 비교급과 최상급

비교급	형용사/부사의 비교급 than+비교 대상	~보다 ...한/하게
최상급	**the**+최상급(+명사)	가장 ~한

This year is hotter **than** last year. 올해는 작년보다 더 덥다.

My dad cooks better **than** my mom does. 우리 아빠는 우리 엄마보다 요리를 더 잘 하신다.

Seoul is **the** biggest city **in** Korea. 서울은 한국에서 가장 큰 도시이다.

Lena is **the** most popular student **in** my school. Lena는 우리 학교에서 가장 인기 있는 학생이다.

STEP 1

A 다음 주어진 단어의 비교급과 최상급을 쓰세요.

Voca
....
useful
유용한
little
작은, 적은

1	tall	taller	tallest
2	cute		
3	big		
4	funny		
5	difficult		
6	useful		
7	little		

B 다음 그림을 보고, 주어진 단어를 이용하여 문장을 완성하세요.

Voca
....
thin
마른, 여윈
baseball
야구
plum
자두
peach
복숭아

1

The boy is   shorter   than the girl. (short)

2

She is   than before. (thin)

3

The baseball is the   ball. (small)

4

The plums are   than the peaches. (cheap)

STEP 2

A 다음 주어진 단어를 이용하여 주어진 지시에 따라 문장을 완성하세요.

Voca
....
cool
시원한, 서늘한
math
수학
history
역사
important
중요한
stadium
경기장

[1 – 4] 비교급으로

1 I paint   better   than you. (well)

2 It is   than pizza. (tasty)

3 It is getting   . (cool)

4 Math is   than history for me. (difficult)

[5 – 8] 최상급으로

5 Today is the   worst   day of my life. (bad)

6 Health is the   thing. (important)

7 John is the   boy in the class. (smart)

8 This is the   stadium in the town. (new)

B 다음 밑줄 친 부분을 알맞게 고쳐 문장을 다시 쓰세요.

Voca
....
soccer
축구
popular
인기 있는
snowman
눈사람

1 I feel <u>good</u> than yesterday. 나는 어제보다 기분이 더 좋다.

> I feel better than yesterday.

2 Soccer is the <u>popular</u> sport. 축구는 가장 인기 있는 스포츠이다.

3 We made the <u>big</u> snowman. 우리는 가장 큰 눈사람을 만들었다.

4 Who has the <u>many</u> friends? 누가 가장 많은 친구를 가지고 있니?

 STEP **3**

A 다음 우리말과 같은 뜻이 되도록 주어진 단어를 배열하세요.

Voca

large
큰, 많은
get up
일어나다
church
교회
player
참가자, 선수

1 중국은 한국보다 더 크다. (larger, Korea, is, than, China)

China is larger than Korea.

2 나는 Emily보다 더 일찍 일어난다. (earlier, than, I, Emily, get up)

3 이 책이 저것보다 더 재미있다. (more interesting, this book, is, that one, than)

4 그 교회는 가장 오래된 건물이다. (the oldest, the church, is, building)

5 Ron은 그 팀에서 가장 우수한 선수이다. (the best, Ron, is, player)

_____ in the team.

B 다음 주어진 조건에 따라 우리말에 맞게 영작하세요.

조건 1. 비교급과 최상급을 사용해서 쓸 것
2. 현재, 과거 시제에 유의할 것

Voca

sneakers
운동화
boots
부츠, 장화
subject
학과, 과목
city
도시

1 나는 다섯 시간보다 더 적게 잠을 잔다. (sleep, little, than, five hours)

I sleep less than five hours.

2 운동화는 장화보다 더 편하다. (sneakers, comfortable, than, boots)

3 나에게는 영어가 가장 쉬운 과목이다. (English, the, easy, subject)

_____ for me.

4 이 타워는 도시에서 가장 유명한 곳이다. (this tower, the, famous, place)

_____ in the city.

[1-4] 다음 주어진 단어를 알맞은 형태로 바꿔 문장을 완성하세요.

1

그 아이들은 행복하게 웃고 있다. (happy)

→ The children are laughing _____.

2

그 시험은 아주 어려웠다. (real)

→ The test was _____ difficult.

3

그 영화는 아주 감동적이다. (touch)

→ The movie is very _____.

4

나는 내 생일 파티로 매우 신이 난다. (excite)

→ I'm so _____ about my birthday party.

[5-7] 다음 [보기]에서 알맞은 말을 골라 문장을 완성하세요.

5

much   many

(1) There are _____ people on the subway.

(2) We didn't have _____ snow last winter.

6

some   any

(1) He planted _____ vegetables in his garden.

(2) I don't have _____ choice.

7

a little   a few

(1) Lena bought _____ things at the market.

(2) There is _____ milk in the bottle.

[8-11] 다음 주어진 단어를 비교급 또는 최상급으로 바꿔 문장을 완성하세요.

8 Jack studies _____ than his sister does. (hard)

9 Today's weather is _____ than yesterday's. (bad)

10 George is the _____ man in our town. (rich)

11 Susan is the _____ girl in my class. (beautiful)

> **HINT**
> 2~3 음절 이상의 형용사/부사는 most를 붙여 최상급을 만드는 것을 잊지 마세요.

[12-13] 다음 문장에서 어법상 <u>어색한</u> 부분을 찾아 바르게 고쳐 문장을 다시 쓰세요.

12 I saw strange something.

→ _____

13 You look nicely in that sweater.

→ _____

[14-15] 다음 주어진 단어를 알맞은 위치에 넣어 문장을 다시 쓰세요.

14 She plays with her pet dog. (often)

→ _____

15 Ted is late for school. (never)

→ _____

> **HINT**
> 빈도부사는 be동사, 조동사 뒤, 일반동사 앞에 와요.

[16-17] 다음 대화를 읽고, 물음에 답하세요.

> A Tommy, do you have ① <u>any plans</u> for the weekend?
>
> B Yes, I do. I will go on a camping trip.
>
> A It sounds ② <u>really</u> fun.
>
> B What will you do this weekend?
>
> A I'll fix ③ <u>my bike broken</u> with my dad on Saturday.
>   I ④ <u>always visit</u> my grandparents on Sundays.
>
> B It sounds ⑤ <u>great</u>, too.
>
> A My grandparents live far away, so (A) <u>나는 그분들을 평소에 못 만나.</u>
>   (don't , see, I, them, usually) I miss them very much.

16 ①~⑤ 중 어법상 어색한 것을 찾아 바르게 고쳐 쓰세요.

→ _____

17 다음 우리말 (A)와 같은 뜻이 되도록 주어진 단어를 알맞게 배열하세요.

→ _____

HINT
비교급은 두 개의
대상을, 최상급은 세
개 이상의 대상을
비교할 때 사용해요.

[18-20] 다음 표를 보고, 주어진 단어를 이용하여 문장을 완성하세요.

SEAWORLD Aquarium			
	Willy (whale shark)	Ryan (sea lion)	Shelly (seahorse)
Age	20 years	10 years	3 years
Weight	15,000 kg	100 kg	0.5 kg
Speed	5 km/h	25 km/h	1.5 km/h

old — young	heavy — light	slowly — fast

18 **Age:** Willy is _____ than Ryan. Shelly is the _____ animal.

19 **Weight:** Shelly is _____ than Ryan. Willy is the _____ animal.

20 **Speed:** Ryan swims _____ than Willy. Shelly swims most _____ .

Chapter
10

문장을 이루는 또 다른 아이들

다양한 동사와의 연결고리

영단어와 한국어 뜻을 각각 가리고 외워 보자!

1	reduce	줄이다	11	medicine	약
2	polite	예의 바른, 공손한	12	wet	젖은
3	return	반납하다	13	scream	비명을 지르다
4	low	낮은	14	say sorry to	～에게 사과하다
5	price	가격	15	step	(발)걸음
6	relax	휴식을 취하다	16	get to	～에 도착하다
7	argue	언쟁을 하다, 다투다	17	semester	학기
8	tease	(남을) 놀리다	18	decide	결정하다
9	forgive	용서하다	19	goal	목표
10	regret	후회하다	20	hate	몹시 싫어하다

조동사

can, may, must, should

A Can I watch TV? 제가 TV를 봐도 되나요?

B No, you can't. You must **do** your homework first.
아니, 안 돼. 너는 먼저 숙제를 해야 해.

✓ 조동사는 동사에 능력, 허가, 의무, 충고 등의 의미를 더해주는 말로, 뒤에는 동사원형이 와요.
조동사 부정문은 「조동사+not+동사원형」의 형태이고, 조동사 의문문은 「조동사+주어+동사원형~?」의 형태예요.

| can | 능력
(~할 수 있다) | I can **ride** a bike. 나는 자전거를 탈 수 있다.
She cannot[can't] **swim**. 그녀는 수영을 할 수 없다.
Can you **play** the piano? 너는 피아노를 칠 수 있니? |
| | 허가
(~해도 좋다) | You can **use** my phone. 너는 내 전화기를 써도 좋다.
Can I **go** home now? 저 지금 집에 가도 되나요? |

| may | 허가
(~해도 된다) | You may **leave** now. 너는 지금 떠나도 좋다.
May I **sit** here? 여기 앉아도 될까요? |
| | 추측
(~일지도 모른다) | He may **know** her. 그는 그녀를 알지도 모른다.
She may not **be** at home. 그녀는 집에 없을지도 모른다. |

must	의무 (~해야 한다) = have [has] to	We must **follow** the school rules. 우리는 학교 규칙을 지켜야 한다.
	강한 추측 (~임에 틀림없다)	Susan must **be** smart. Susan은 똑똑함에 틀림없다.
	must not 강한 금지 (~해서는 안 된다)	You must not[mustn't] **tell** a lie. 너는 거짓말을 하면 안 된다.

| should | 의무 · 충고
(~해야 한다) | He should **leave** now. 그는 지금 떠나야 한다.
You should not[shouldn't] **be** here. 너는 여기에 있으면 안 된다.
Should I **finish** this today? 제가 오늘 이것을 끝내야 하나요? |

STEP **1**

A 다음 우리말과 같은 뜻이 되도록 알맞은 것을 고르세요.

Voca

tennis
테니스
hot
더운, 뜨거운
listen to
~을 듣다

1 He ○ can / ○ must play tennis well. 그는 테니스를 잘 칠 수 있다.

2 It ○ may / ○ should be hot today. 오늘 더울지도 모른다.

3 You ○ can / ○ must listen to me carefully. 너는 내 말을 잘 들어야 한다.

4 We ○ may / ○ should change our plan. 우리는 계획을 바꿔야 한다.

5 They ○ may / ○ must be happy at the news. 그들은 그 소식에 기쁜 것이 틀림없다.

B 다음 주어진 조동사와 동사를 이용하여 문장을 완성하세요.

Voca

sit
앉다
Spanish
스페인어
tease
(남을) 놀리다

1 Should I wait longer? (should, wait)

2 _____ I _____ next to you? (may, sit)

3 Alex _____ _____ the truth. (may, know)

4 I _____ _____ Spanish well. (cannot, speak)

5 You _____ _____ up early tomorrow. (should, get)

6 You _____ _____ _____ your friends. (must, tease, not)

STEP 2

A 다음 주어진 말과 함께 [보기]에서 알맞은 말을 골라 대화를 완성하세요.

Voca
....

borrow
빌리다
scissors
가위
fix
수리하다
reduce
줄이다

1 **A** Can I   your scissors? (can) 가위를 빌릴 수 있을까?

　　B Sure. Here you are. 물론이지. 여기 있어.

2 **A** Where is Mom? 엄마는 어디 계시니?

　　B She   in the kitchen. (may) 아마 주방에 계실 거야.

3 **A** My computer is broken again. 내 컴퓨터가 또 고장 났어.

　　B Ask Jake for help. He   it. (can)

　　　Jake에게 도움을 요청해. 그는 고칠 수 있어.

4 **A** Sadly, the Earth is getting sick. 슬프게도, 지구가 병들고 있어.

　　B You're right. We   waste. (must)

　　　맞아. 우리는 쓰레기를 줄여야 해.

B 다음 밑줄 친 부분을 알맞게 고쳐 문장을 다시 쓰세요.

Voca
....

fight
싸우다
jump
뛰어넘다, 점프하다
polite
예의 바른, 공손한

1 You <u>should fight not</u> with your friends. 너는 친구들과 싸우면 안 된다.

　　You should not fight with your friends.

2 It <u>may rains</u> tonight. 오늘 밤에 비가 올지도 모른다.

3 Can Oliver <u>jumps</u> high? Oliver는 높이 뛸 수 있니?

4 <u>Do I may</u> have your name? 성함을 알려주시겠어요?

5 You must <u>are</u> polite to your teachers. 너는 선생님들께 공손해야 한다.

STEP 3

A 다음 우리말과 같은 뜻이 되도록 주어진 단어를 배열하세요.

Voca
....
low
낮은
price
가격
return
반납하다

1 우리는 일찍 떠나야 하나요? (we, leave, should, early)

Should we leave early?

2 우리는 낮은 가격에 물건들을 살 수 있다. (can, things, buy, we)

at low prices.

3 Rick은 영리한 소년임에 틀림없다. (a smart boy, Rick, be, must)

4 나는 이 책들을 도서관에 반납해야 한다. (I, these books, return, should)

to the library.

5 너는 이 이야기를 믿지 않을 수도 있다. (believe, not, you, may, this story)

B 다음 주어진 조건에 따라 우리말에 맞게 영작하세요.

조건 1. 알맞은 조동사를 사용할 것
2. 괄호에 주어진 단어를 활용할 것

Voca
....
remember
기억하다
birthday
생일

1 제가 화장실에 가도 되나요? (go, to the restroom)

May[Can] I go to the restroom?

2 우리는 우리의 역사를 잊어버려서는 안 된다. (must, forget, our history)

3 그들은 내일 스케이트 타러 갈지도 모른다. (go skating, tomorrow)

4 나는 그의 생일을 기억할 수 없다. (remember, his birthday)

UNIT 02 접속사

Sandy and Bella are twins, but they are different.
Sandy와 Bella는 쌍둥이지만, 그들은 다르다.

I like Sandy because she is very kind.
Sandy가 매우 친절하기 때문에 나는 그녀를 좋아한다.

 접속사는 단어와 단어, 구와 구, 절과 절을 연결하는 역할을 하며 '구'는 단어+단어를, '절'은 주어+동사가 있는 것을 말해요. and, but, or는 같은 종류의 말을 연결하고, because, when, if는 절과 절을 연결해요.

and	**그리고, 와/과** (서로 비슷한 것을 연결)	She is <u>kind</u> and <u>pretty</u>. (단어+단어) 그녀는 친절하고 예쁘다.
but	**그러나, 하지만** (서로 반대되는 내용을 연결)	<u>He eats a lot</u>, but <u>he is thin</u>. (절+절) 그는 많이 먹지만, 날씬하다.
or	**또는, ~거나** (선택해야 하는 내용을 연결)	Will you <u>stay here</u> or <u>go with us</u>? (구+구) 너는 여기 있을래, 아니면 우리와 같이 갈래?

tips
• 셋 이상의 것을 연결할 때 쉼표로 연결하고 마지막 것 앞에만 접속사를 써요.
 She bought eggs, flour, and milk. 그녀는 계란, 밀가루, 우유를 샀다.

• and, but, or는 등위접속사라고 부르고 문법적으로 같은 종류의 말을 연결해요.
 He is <u>kind</u> and <u>honest</u>. 그는 친절하고 정직하다. (형용사+형용사)

because + 원인/이유	**~ 때문에**	Tom was sick because he ate too much. Tom은 너무 많이 먹었기 때문에 병이 났다.
when + 시간	**~할 때**	When I got home, nobody was there. 내가 집에 도착했을 때 거기에 아무도 없었다.
if + 조건	**만일 ~라면**	If you need my help, call me. 내 도움이 필요하면 나에게 전화해.

tips
• because, when, if가 이끄는 문장을 종속절이라 하고, 주절의 내용을 보충 설명해요.
 종속절은 주절의 앞이나 뒤에 올 수 있어요.
 Because he was sick, he didn't go to school. 그는 아파서 학교에 가지 않았다.
 = He didn't go to school **because** he was sick.

• when이나 if가 이끄는 문장은 미래의 의미를 나타내더라도 현재시제를 써요.
 I will call you **when** I ~~will~~ get there. (×) 거기에 도착하면 너에게 전화할게.

STEP 1

A 다음 우리말과 일치하도록 [보기]에서 알맞은 말을 골라 문장을 완성하세요.

> **보기**   and   or   because   when   if

Voca
....
salad
샐러드
finish
끝내다, 마치다

1 그 게임은 간단하고 쉽다.

The game is simple   and   easy.

2 너는 수프를 원하니, 아니면 샐러드를 원하니?

Do you want soup _____ salad?

3 나는 피곤할 때 음악을 듣는다.

I listen to music _____ I am tired.

4 그들은 게임에서 이겨서 행복했다.

They were happy _____ they won the game.

5 네가 나를 도와주면, 나는 그 일을 일찍 끝낼 수 있다.

I can finish the work early _____ you help me.

B 다음 두 문장을 한 문장으로 연결할 때 빈칸에 알맞은 말을 쓰세요.

Voca
....
jacket
재킷
expensive
비싼, 돈이 많이 드는
relax
휴식을 취하다
argue
언쟁을 하다, 다투다

1 I packed a T-shirt. I packed a jacket.

→ I packed a T-shirt **and**   a   jacket .

2 The house is nice. It is expensive.

→ The house is nice **but** _____ .

3 A lot of people relax at the park. They exercise at the park.

→ A lot of people relax **or** _____ at the park.

4 They had different ideas. They argued.

→ **Because** they had different ideas, _____ _____ .

STEP 2

A 다음 주어진 단어를 이용하여 두 문장을 한 문장으로 완성하세요.
(단, 중복된 내용은 한 번만 쓸 것)

Voca

be good at
~을 잘하다
young
젊은, 어린
school bus
통학 버스, 학교 버스

1 I like math. <u>I'm not good at it</u>. (but)

→ I like math, **but I'm not good at it** .

2 She may be at home. She may be <u>at school</u>. (or)

→ She may be at home .

3 David lived in Brazil. <u>He was young</u>. (when)

→ David lived in Brazil .

4 <u>He got up late</u>. He missed the school bus. (because)

→ He missed the school bus .

5 <u>It is sunny tomorrow</u>. We will go hiking. (if)

→ We will go hiking .

B 다음 밑줄 친 부분을 우리말에 맞게 고쳐 문장을 다시 쓰세요.

Voca

PE(physical
education)
체육
strawberry
딸기
baby
아기
stay
머무르다

1 My grandma is old <u>or</u> healthy. 우리 할머니는 연세가 많지만 건강하시다.

My grandma is old but healthy.

2 Her favorite subjects are English <u>but</u> P.E. 그녀가 가장 좋아하는 과목은 영어와 체육이다.

3 <u>Because</u> I'm sad, I eat strawberry ice cream. 나는 슬플 때 딸기 아이스크림을 먹는다.

4 Is the baby a girl <u>and</u> a boy? 그 아기는 여자 아이인가요, 아니면 남자 아이인가요?

5 We stayed at home <u>if</u> it rained heavily. 비가 세차게 내렸기 때문에 우리는 집에 있었다.

STEP 3

A 다음 우리말과 같은 뜻이 되도록 주어진 단어를 배열하세요.

1 사람들은 함께 노래를 부르고 춤을 추고 있다. (are, and, singing, dancing, people)

People are singing and dancing   together.

2 Fred는 어리지만, 그의 꿈은 크다. (is, his dream, little, big, is, Fred, but)

3 질문 있으면 나에게 물어봐. (if, any questions, have, ask, you, me)

4 내가 어렸을 때 나는 정말 수줍음이 많았다. (was, I, when, very shy, young, I, was)

> **Voca**
> ....
> together
> 함께, 같이
> shy
> 부끄러워하는

B 다음 주어진 조건에 따라 우리말에 맞게 영작하세요.

조건
1. 접속사 and, or, when, if, because를 한 번씩만 사용할 것
2. 현재, 과거, 미래 시제에 유의할 것

1 Sam은 그녀를 위해 꽃이나 선물을 살 것이다. (buy, flowers, a gift)

Sam will buy flowers or a gift   for her.

2 Kelly는 햄버거 하나와 감자튀김을 주문했다. (order, a hamburger, French fries)

3 네가 원하면 내 쿠키를 먹어도 돼. (want, can, have, my cookies)

4 내가 일어났을 때, 이미 10시였다. (get up, it, be, ten)

already.

5 어젯밤에 잠을 잘 못 자서 나는 피곤하다. (tired, sleep well)

last night.

> **Voca**
> ....
> flower
> 꽃
> gift
> 선물
> hamburger
> 햄버거
> French fries
> 프렌치프라이
> (프랑스식 감자튀김)

UNIT 03 명령문, and/or

Take some rest, **and** you will feel better.

= **If** you **take** some rest, you will feel better.

좀 쉬어, 그러면 기분이 좋아질 거야.

✅ 명령문, **and/or**는 '~해라, 그러면 …할 것이다', '~해라, 그렇지 않으면 …할 것이다'라는 의미로 실생활에서 많이 쓰는 표현이에요.

명령문, and 주어+동사	= If ~, 주어+동사	~해라, 그러면 …할 것이다
명령문, or 주어+동사	= If ~ not ~, 주어+동사	~해라, 그렇지 않으면 …할 것이다

Exercise regularly, **and** you will be healthy. 규칙적으로 운동해라, 그러면 건강해질 것이다.

= **If** you **exercise** regularly, you will be healthy.

Get up now, **or** you will be late. 지금 일어나라, 그렇지 않으면 늦을 것이다.

= **If** you **don't get up** now, you will be late.

 **Check-up**

정답 및 해설 p.28

다음 밑줄 친 우리말에 유의하여 빈칸에 and 또는 or를 쓰세요.

1 일찍 자라, <u>그러면</u> 일찍 일어날 것이다.

Go to bed early,   **and**   you will wake up early.

2 일찍 자라, <u>그렇지 않으면</u> 늦게 일어날 것이다.

Go to bed early,   you will wake up late.

3 열심히 공부해라, <u>그러면</u> 그 시험에 통과할 것이다.

Study hard,   you will pass the test.

4 열심히 공부해라, <u>그렇지 않으면</u> 그 시험에 떨어질 것이다.

Study hard,   you will fail the test.

STEP 1

 A 다음 중 알맞은 것을 고르세요.

Voca
....
listen
듣다
write down
적어 놓다. 기록하다
forgive
용서하다
nice
좋은. 친절한

1 Listen carefully, and / or you will understand.
잘 들어라. 그러면 이해할 것이다.

2 Write it down, and / or you will forget it.
그것을 적어 놓아라. 그렇지 않으면 잊어버릴 것이다.

3 Tell me the truth, and / or I will forgive you.
내게 사실을 말해줘. 그러면 내가 너를 용서할게.

4 Do it now, and / or you won't finish it today. 그것을 지금 해라.
그렇지 않으면 오늘 끝내지 못할 것이다.

5 Be nice to them, and / or they will be nice to you.
그들에게 친절해라. 그러면 그들도 너에게 친절하게 대할 것이다.

 B 다음 빈칸에 and 또는 or를 쓰세요.

Voca
....
get hurt
다치다
meal
식사
reason
이유
regret
후회하다
taxi
택시
on time
정시에

1 Be careful, or you may get hurt.

2 Finish your meal quickly, you will be late.

3 Ask Eva, she'll tell you the reason.

4 Take my advice, you will regret it.

5 Come early, you can get a free ticket.

6 Take a taxi, you will get there on time.

STEP 2

Voca
....
medicine
약
umbrella
우산
wet
젖은
quiet
조용한

A 다음 문장을 「명령문, and/or ∼」로 바꿔 쓰세요.

1 If you hurry up, you will catch the bus.

　　Hurry up　　, 　and　 you will catch the bus.

2 If you take this medicine, you will feel better.

　　　　　　　　, 　　　 you will feel better.

3 If you don't take an umbrella, you will get wet.

　　　　　　　　, 　　　 you will get wet.

4 If you don't take some rest, you will feel tired later.

　　　　　　　　, 　　　 you will feel tired later.

5 If you are not quiet, the baby will wake up.

　　　　　　　　, 　　　 the baby will wake up.

Voca
....
press
누르다
button
버튼, 단추
door
문
put on
∼을 입다
catch a cold
감기에 걸리다
coat
코트

B 다음 두 문장의 의미가 통하도록 빈칸에 알맞은 말을 쓰세요.

1 Smile often, and you will be happier.

　If you smile often　　　　, you will be happier.

2 Press this button, and the door will close.

　　　　　　　　　, the door will close.

3 Visit our website, and you will get more information.

　　　　　　　　, you will get more information.

4 Walk faster, or you will miss the train.

　　　　　　　　　, you will miss the train.

5 Put on your coat, or you will catch a cold.

　　　　　　　　, you will catch a cold.

STEP 3

A 다음 우리말과 같은 뜻이 되도록 주어진 단어를 배열하세요.

1 손을 씻어라, 그러면 너에게 파이를 줄 것이다. (your hands, will, give, I, and, wash)

　　Wash your hands, and I will give ＿＿＿＿＿＿＿ you some pie.

2 여기서 나가, 그렇지 않으면 소리를 지를 것이다. (or, I, get out, scream, will, of here)

3 채소를 먹어라, 그러면 건강을 유지할 것이다. (eat, and, stay, will, you, vegetables)

　　＿＿＿＿＿＿＿＿＿＿＿＿＿＿＿ healthy.

4 그녀에게 사과해라, 그렇지 않으면 내가 너에게 벌을 줄 것이다.
(to her, will, or, you, punish, I, say sorry)

> **Voca**
> pie
> 파이
> get out of
> ~에서 나가다
> scream
> 비명을 지르다
> say sorry to
> ~에게 사과하다
> punish
> 처벌하다

B 다음 주어진 조건에 따라 우리말에 맞게 영작하세요.

> **조건** 1. 명령문, and/or를 사용할 것
> 2. 괄호에 주어진 단어를 활용할 것

1 더 적게 먹어라, 그러면 살이 빠질 것이다. (eat, less, lose weight)

　　Eat less, and you will lose weight.

2 발을 조심해라, 그렇지 않으면 넘어질 것이다. (watch, your step, fall)

3 열심히 연습해라, 그러면 경기에서 이길 것이다. (practice hard, win the game)

4 숙제를 끝내라, 그렇지 않으면 너는 TV를 볼 수 없다. (finish your homework, watch TV)

5 이 버스를 타라, 그러면 박물관에 도착할 것이다. (take this bus, get to the museum)

> **Voca**
> lose weight
> 살을 빼다
> step
> (발)걸음
> fall
> 넘어지다
> get to
> ~에 도착하다

UNIT 04 전치사

We go to the movies **on** Sundays. 우리는 일요일마다 영화를 보러 간다.

There are always a lot of people **in** the theater.
영화관에 항상 사람이 많다.

✔ 전치사는 명사나 대명사 앞에서 시간, 장소, 방향 등을 나타내는 말이에요.

1 시간 전치사 in, on, at

in	~에	연도, 계절, 월, 하루의 때	in 2020, in spring, in May, in the morning
on		날짜, 요일, 특정한 날	on January 2nd, on Thursday, on my birthday
at		구체적인 시각, 특정 시점	at three o'clock, at noon, at night

They are always **at** home **on** Saturdays. 그들은 토요일에 항상 집에 있다.

She goes to bed **at** ten. 그녀는 10시에 잠을 잔다.

2 장소 전치사 in, on, at

in	~ 안에	나라, 도시 앞, 특정 장소의 안	in Korea, in New York in the box, in the room
on	~ 위에	표면 위에 접촉한 상태(벽, 바닥 등)	on the wall, on the floor
at	~에	하나의 지점, 특정한 목적이 있는 곳	at home, at school, at the bus stop

My aunt lives **in** Australia. 우리 이모는 호주에 사신다.

I saw Brian **at** the bus stop. 나는 버스 정류장에서 Brian을 보았다.

 **Check-up**

정답 및 해설 p.29

다음 우리말과 일치하도록 in, on, at 중 알맞은 전치사를 쓰세요.

1	여름에	in summer	3	정오에	noon
2	월요일에	Monday	4	캐나다에	Canada

106

STEP 1

 A 다음 그림과 주어진 단어를 보고, 빈칸에 in, on, at 중 알맞은 전치사를 쓰세요.

Voca

Christmas
Day
크리스마스, 성탄절
August
8월
floor
바닥, 층
lunch
점심
wall
벽, 담

1 on

Christmas Day

2 August

3 three o'clock

4 the classroom

5 the sofa

6 the door

7 the floor

8 lunch time

9 the box

10 the wall

 B 다음 중 알맞은 것을 고르세요.

Voca

begin
시작하다
draw
그리다
blackboard
칠판

1 The concert begins   in / at   2:30. 콘서트는 2시 30분에 시작한다.

2 Kids are drawing   on / at   the blackboard. 아이들이 칠판에 그림을 그리고 있다.

3 Elephants take baths   in / on   the river. 코끼리는 강에서 목욕을 한다.

STEP 2

A 다음 빈칸에 in, on, at 중 알맞은 전치사를 넣어 문장을 완성하세요.

1 Ken lives _____in_____ Thailand. Ken은 태국에 산다.

2 It is cold and dry _____ winter. 겨울에는 춥고 건조하다.

3 I usually go to school _____ 8. 나는 보통 학교에 8시에 간다.

4 We can see the stars _____ night. 우리는 밤에 별들을 볼 수 있다.

5 They wake up early _____ the morning. 그들은 아침 일찍 일어난다.

6 My dad cooks spaghetti _____ Fridays.

7 His apartment is _____ the second floor. 그의 아파트는 2층에 있다.

B 다음 밑줄 친 부분을 알맞게 고쳐 문장을 다시 쓰세요.

1 Robert will arrive <u>on</u> midnight. Robert는 자정에 도착할 것이다.

 Robert will arrive at midnight.

2 He spent his vacation <u>at</u> Hawaii. 그는 휴가를 하와이에서 보냈다.

3 There are plates and bowls <u>at</u> the shelf. 선반 위에 접시와 그릇들이 있다.

4 The new semester starts <u>on</u> September. 새 학기는 9월에 시작한다.

5 We should drink a lot of water <u>in</u> hot days. 우리는 더운 날에 물을 많이 마셔야 한다.

STEP 3

 A 다음 우리말과 같은 뜻이 되도록 주어진 단어를 배열하세요.

Voca
....
walk around
돌아다니다
moon
달

1 우리는 여기에 2019년에 이사 왔다. (moved, in, we, here, 2019)

We moved here in 2019.

2 그들은 대개 토요일에 바쁘다. (are, on, busy, usually, they, Saturdays)

3 사람들은 달 위를 걸어 다닐 것이다. (walk around, on, people, will, the moon)

4 우리는 경기장에서 축구 경기를 보았다. (the stadium, a soccer game, we, watched, at)

 B 다음 주어진 조건에 따라 우리말에 맞게 영작하세요.

> **조건** 1. 전치사의 쓰임에 유의하여 알맞은 in, on, at을 쓸 것
> 2. 괄호에 주어진 단어를 활용하고 시제에 유의할 것

1 그 은행은 9시에 문을 연다. (open, nine o'clock)

The bank opens at nine o'clock.

Voca
....
bank
은행
be going to
~할 것이다
wallet
지갑
stuff
물건
New Year's
Day
새해 첫날

2 오후에는 화창할 것이다. (it, be going to, sunny, the afternoon)

3 나는 내 지갑을 집에 두고 나왔다. (leave, my wallet, home)

4 그녀는 탁자 위에 자신의 물건들을 놓았다. (put, her stuff, the table)

5 한국에서 사람들은 새해에 특별한 음식을 먹는다. (people, eat, special food, New Year's Day)

In Korea, _____ .

to부정사와 동명사

I **want** to be a swimmer. 나는 수영 선수가 되기를 원한다.

I **like** swimming. 나는 수영하는 것을 좋아한다.

✓ to부정사와 동명사는 '~하기', '~하는 것'이라는 뜻으로 문장에서 명사처럼 쓸 수 있어요.

1 to부정사와 동명사

	형태	의미	쓰임
to부정사	to + 동사원형	~하는 것	명사처럼 문장에서 주어, 보어, 목적어 역할
동명사	동사원형 + -ing		

To learn a new language **is** not easy. 〈to부정사: 주어〉 새로운 언어를 배우는 것은 쉽지 않다.

My hobby is **riding** a bike. 〈동명사: 보어〉 내 취미는 자전거를 타는 것이다.

2 목적어로 쓰이는 to부정사와 동명사

to부정사를 목적어로 쓰는 동사	want 원하다 hope 소망하다 plan 계획하다 decide 결정하다
동명사를 목적어로 쓰는 동사	enjoy 즐기다 finish 끝내다 miss 놓치다 give up 포기하다
to부정사와 동명사를 모두 목적어를 쓰는 동사	like 좋아하다 love 사랑하다 start 시작하다 hate 몹시 싫어하다

She **wants to become** a dancer. 그녀는 무용수가 되기를 원한다.

Did you **finish doing** the dishes? 너는 설거지하는 것을 끝냈니?

They **like playing[to play]** board games. 그들은 보드 게임 하는 것을 좋아한다.

 **Check-up**

정답 및 해설 p.30

다음 주어진 단어를 to부정사와 동명사 형태로 바꾸세요.

1 study   to부정사 to study   동명사

2 arrive   to부정사   동명사

3 run   to부정사   동명사

 STEP 1

A 다음 우리말과 같은 뜻이 되도록 주어진 단어를 알맞은 형태로 바꿔 문장을 완성하세요.
(단, to부정사로 쓸 것)

Voca
....
scientist
과학자
read
읽다
comic book
만화책
solve
해결하다
book report
독후감

1 자전거 타기는 재미있다. (ride)

　　　To ride　　　 a bike is fun.

2 나는 과학자가 되고 싶다. (become)

I want 　　　　　　 a scientist.

3 그는 만화책을 읽는 것을 좋아한다. (read)

He likes 　　　　　 comic books.

4 이 문제를 푸는 것은 쉽다. (solve)

It is easy 　　　　　 this problem.

5 우리 숙제는 독후감을 쓰는 것이다. (write)

Our homework is 　　　　　 a book report.

B 다음 [보기]에서 적절한 단어를 골라 알맞은 형태로 바꿔 문장을 완성하세요.
(단, 동명사로 쓸 것)

보기　　exercise　　travel　　take　　get　　play

Voca
....
habit
습관
take care of
~을 돌보다
animal
동물

1 His hobby is 　playing　 tennis. 그의 취미는 테니스를 치는 것이다.

2 　　　　　　 up early is a good habit. 일찍 일어나는 것은 좋은 습관이다.

3 His job is 　　　　　 care of sick animals. 그의 직업은 아픈 동물들을 돌보는 것이다.

4 　　　　　　 is exciting. 여행하는 것은 신난다.

5 I like 　　　　　 in the morning. 나는 아침에 운동하는 것을 좋아한다.

STEP 2

A

A 다음 괄호에 주어진 말을 to부정사 형태로 바꿔 문장을 완성하세요.

Voca
·············
decide
결정하다
dentist
치과 의사
goal
목표
wish
소원

1 너는 사진 찍는 것을 좋아하니? (take, pictures)

Do you like to take pictures ?

2 그들은 새 차를 사기로 결심했다. (buy, a new car)

They decided .

3 나는 치과 의사가 되는 것을 원한다. (become, a dentist)

I want .

4 나의 목표는 수학에서 A를 받는 것이다. (get, an A)

My goal is in math.

5 그녀의 소원은 자신이 가장 좋아하는 가수를 만나는 것이다. (meet, her favorite singer)

Her wish is .

B 다음 밑줄 친 부분을 동명사로 고쳐 문장을 다시 쓰세요.

Voca
·············
closet
옷장, 벽장
grandparent
조부모님
stage
무대
hate
몹시 싫어하다

1 Clare and Brian enjoy <u>dance</u>. Clare와 Brian은 춤추는 것을 즐긴다.

Clare and Brian enjoy dancing.

2 She finished <u>clean</u> her closet. 그녀는 옷장을 청소하는 것을 끝냈다.

3 He misses <u>live</u> with his grandparents. 그는 조부모님과 같이 살던 것을 그리워한다.

4 They love <u>sing</u> on the stage. 그들은 무대에서 노래하는 것을 무척 좋아한다.

5 When I was little, I hated <u>eat</u> vegetables. 어렸을 때 나는 채소 먹는 것을 싫어했다.

STEP 3

A 다음 우리말과 같은 뜻이 되도록 주어진 단어를 배열하세요.

1 새로운 사람을 만나는 것은 정말 재미있다. (a lot of, new people, is, fun, to meet)

To meet new people is a lot of fun.

2 갑자기 그 소녀는 울기 시작했다. (started, the girl, to cry)

Suddenly, _____ .

3 그의 꿈은 하늘을 나는 자동차를 만드는 것이다. (is, a flying car, his dream, making)

_____ .

4 너는 이번 주말에 무엇을 할 계획이니? (do, what, you, plan, to do)

_____ this weekend?

5 우리는 그 게임에서 이기는 것을 포기했다. (winning, we, the game, gave up)

_____

> **Voca**
> a lot of
> 많은
> suddenly
> 갑자기
> cry
> 울다

B 다음 주어진 조건에 따라 우리말에 맞게 영작하세요.

> **조건** 1. to부정사와 동명사의 형태에 주의할 것
> 2. 괄호에 주어진 단어를 활용할 것

1 만리장성을 보는 것은 놀랍다. (see, the Great Wall of China, amazing)

To see[Seeing] the Great Wall of China is amazing.

2 그의 직업은 비행기를 수리하는 것이다. (his job, fix, airplanes)

_____

3 나는 패션 디자이너가 되기를 원한다. (want, be, a fashion designer)

_____

4 Mark는 새로운 곳을 방문하는 것을 즐긴다. (enjoy, visit, new places)

_____

> **Voca**
> the Great
> Wall of China
> 만리장성
> fashion
> designer
> 패션 디자이너

[1-3] 다음 대화의 빈칸에 조동사 can, may, must, should 중 가장 알맞은 것을 골라 쓰세요. (단, 중복 가능)

1

A _____ Chris play the piano?

B Yes, he can. He is very good at it.

2

A The water is too deep.

B Yeah. We _____ not swim here.

HINT

'허락'을 나타내는 조동사는 두 가지가 있어요.

3

A _____ I have your name?

B Yes. My name is Jessica.

[4-6] 다음 빈칸에 전치사 in, on, at 중 공통으로 들어갈 것으로 가장 알맞은 것을 쓰세요.

4

Rachel was _____ Rome last month.

Our summer vacation starts _____ July.

5

The flight arrives _____ 2:30.

I saw Mr. Smith _____ the bus stop.

6

We have an English test _____ Tuesday.

They are hanging a family picture _____ the wall.

[7-9] 다음 주어진 동사를 to부정사나 동명사의 형태로 알맞게 바꿔 문장을 완성하세요.

HINT

빈칸 앞에 나오는 동사를 보면 정답이 보여요!

7 I want _____ this carrot cake. (try)

8 His dream is _____ around the world. (travel)

9 They gave up _____ the tree house. (build)

[10-13] 다음 밑줄 친 부분을 바르게 고쳐 문장을 다시 쓰세요.

10   I had a big party <u>in</u> my birthday.

→ _____

HINT

날짜, 요일, 특정한 날에 쓰이는 전치사는 무엇일까요?

11   She <u>mays</u> be angry with you.

→ _____

12   You can choose meat <u>but</u> fish for dinner.

→ _____

13   The story must <u>is</u> true.

→ _____

HINT

조동사 뒤에는 동사 원형이 와야 해요.

[14-16] 다음 괄호 안의 단어를 이용하여 두 문장을 한 문장으로 쓰세요.

14   The hotel is very old. It is clean. (but) → 그 호텔은 매우 오래됐지만 깨끗하다.

→ _____

15   He liked Sally. He was young. (when) → 그가 어렸을 때 그는 Sally를 좋아했다.

→ _____

16   I was late. I took a taxi. (because) → 나는 늦었기 때문에 택시를 탔다.

→ _____

[17-18] 다음 우리말과 같은 뜻이 되도록 괄호 안의 지시대로 문장을 완성하세요.

HINT

· 「명령문, and 주어
+동사」는 「If ~,
주어+동사」와
같은 뜻이에요.

· 「명령문, or 주어
+동사」는 「If ~
not, 주어+동사」
와 같은 뜻이에요.

17 이 책을 읽어 봐, <u>그러면</u> 너는 그것이 마음에 들 거야. (read, will, like)

→ _____ (명령문, and)

→ _____ (If)

18 크게 말해라, <u>그렇지 않으면</u> 나는 네 말을 들을 수 없다.
(speak loudly, I, hear you)

→ _____ (명령문, or)

→ _____ (If ~ not)

[19-20] 다음 대화를 읽고, 물음에 답하세요.

A Did you check the weather forecast?

B Yes. It'll be cold ⓐ _____ snowy today.

A Then, ⓑ <u>우리는 따뜻한 옷을 입어야 한다.</u> (wear, warm clothes)

B Good idea.

19 ⓐ 빈칸에 and, but, or 중에서 문맥상 가장 알맞은 것을 쓰세요.

→ _____

20 ⓑ의 우리말에 맞게 주어진 단어를 이용하여 문장을 완성하세요. (5단어)

→ _____

공감

부각을
키워주는

영문법+쓰기

통문장 암기훈련 워크북

WORKBOOK

정답 및 해설 p.33

 다음 주어진 말을 이용하여 조건에 맞춰 우리말을 영어로 옮기세요.

> **조건**　1. 주어의 인칭과 수에 유의하여 쓸 것
> 　　　　2. 축약형을 사용하지 말고, 현재 또는 과거 시제에 유의할 것

1　나는 너무 피곤하다. (tired)

　→ _____

2　너는 이제 안전하다. (safe, now)

　→ _____

3　그들은 지난주에 뉴욕에 있었다. (New York, last week)

　→ _____

4　우리 할아버지는 경찰관이셨다. (grandpa, a police officer)

　→ _____

5　우리는 도서관에 없다. (at the library)

　→ _____

6　그것들은 비싸지 않았다. (expensive)

　→ _____

7　그녀는 우리의 영어 선생님이니? (English teacher)

　→ _____

8　Ted는 박물관에 있었니? (in the museum)

　→ _____

UNIT 02 There is / There are

💬 다음 주어진 말을 이용하여 조건에 맞춰 우리말을 영어로 옮기세요.

조건
1. There is/are 구문을 사용할 것
2. 축약형을 사용하지 말고, 뒤에 오는 명사의 수에 유의할 것

1 그 언덕 위에 오래된 집이 하나 있다. (an old house, the hill)

→ _____

2 그 병에 우유가 있다. (milk, the bottle)

→ _____

3 그 연못에 백조들이 있다. (swan, the pond)

→ _____

4 그 책상 위에 두 개의 자가 있다. (two rulers, the desk)

→ _____

5 시간이 충분하지 않다. (enough, time)

→ _____

6 그 동물원에 사자들이 없다. (any lions, at the zoo)

→ _____

7 너의 전화기에 문제가 있니? (a problem, with your phone)

→ _____

8 그 우편함에 편지들이 있니? (letters, the mail box)

→ _____

정답 및 해설 p.33

다음 주어진 말을 이용하여 조건에 맞춰 우리말을 영어로 옮기세요.

조건
1. 일반동사의 현재형을 사용할 것
2. 부정문일 경우, 축약형을 사용할 것

1 그녀는 자신의 꿈에 대해 말한다. (tell, about her dream)

→ _____

2 우리는 보드게임을 한다. (play, board games)

→ _____

3 그는 나를 기억한다. (remember)

→ _____

4 이 버스는 시내로 간다. (bus, go, downtown)

→ _____

5 그는 무서운 영화를 보지 않는다. (watch, scary movies)

→ _____

6 그들은 주말에 일하지 않는다. (work, on weekends)

→ _____

7 그것이 이상하게 들리니? (sound, strange)

→ _____

8 그들은 물을 많이 사용하나요? (use, a lot of)

→ _____

정답 및 해설 p.33

다음 주어진 말을 이용하여 조건에 맞춰 우리말을 영어로 옮기세요.

조건
1. 일반동사의 과거형을 사용할 것
2. 부정문일 경우, 축약형을 사용할 것

1 나는 많은 실수를 했다. (make, a lot of, mistakes)

→ _____

2 우리 삼촌은 대학에서 법학을 공부했다. (my uncle, study, law, at college)

→ _____

3 그녀는 모든 답을 알고 있었다. (know, all the answers)

→ _____

4 우리는 어제 집을 청소했다. (clean up, the house)

→ _____

5 그들은 아무것도 사지 않았다. (buy, anything)

→ _____

6 나는 포기하지 않았다. (give up)

→ _____

7 그가 너를 믿었니? (believe)

→ _____

8 그녀가 그 돈을 잃어버렸니? (lose, the money)

→ _____

정답 및 해설 p.34

 다음 주어진 말을 이용하여 조건에 맞춰 우리말을 영어로 옮기세요.

조건
1. who, what, which 중 알맞은 의문사를 사용하여 쓸 것
2. 현재 또는 과거 시제에 유의할 것

1 너의 이름은 무엇이니? (name)

→ _____

2 그는 무엇을 하고 있니? (do)

→ _____

3 누가 이 그림을 그렸니? (paint, picture)

→ _____

4 너는 누구와 얘기했니? (talk to)

→ _____

5 도서관은 어떤 쪽이니? (way, the library)

→ _____

6 너는 닭고기와 생선 중 어떤 것을 더 좋아하니? (do, prefer, chicken, fish)

→ _____

7 지금 몇 시니? (time, now)

→ _____

8 이것과 저것 중 어떤 책이 너의 것이니? (book, yours, or)

→ _____

UNIT 02 의문사 의문문 2 (when, where, why, how)

정답 및 해설 p.34

다음 주어진 말을 이용하여 조건에 맞춰 우리말을 영어로 옮기세요.

조건 1. when, where, why, how 중 알맞은 의문사를 사용하여 쓸 것
2. 괄호 안에 주어진 단어를 활용할 것

1 너는 언제 저녁밥을 먹니? (eat, dinner)

→ _____

2 눈 축제는 언제니? (the snow festival)

→ _____

3 화장실은 어디에 있나요? (the restroom)

→ _____

4 Kate는 지금 어디에 있니? (now)

→ _____

5 너는 왜 그렇게 생각하니? (do, think so)

→ _____

6 너는 왜 늦었니? (late)

→ _____

7 날씨가 어떠니? (the weather)

→ _____

8 내가 어때 보여? (look)

→ _____

정답 및 해설 p.34

다음 주어진 말을 이용하여 조건에 맞춰 우리말을 영어로 옮기세요.

> **조건**
> 1. 「how + 형용사 / 부사 」를 사용하여 쓸 것
> 2. 현재 또는 과거 시제에 유의할 것

1 너는 몇 살이니? (old)

→ _____

2 저것은 얼마인가요? (much)

→ _____

3 그 병원은 얼마나 머니? (far, the hospital)

→ _____

4 그들은 얼마나 오래 기다렸니? (long, wait)

→ _____

5 그는 얼마나 자주 방을 청소하니? (often, clean his room)

→ _____

6 그 타워는 높이가 얼마나 되니? (tall, the tower)

→ _____

7 그녀의 정원은 얼마나 크니? (big, her garden)

→ _____

8 너는 몇 명의 친구가 있니? (many, friends, have)

→ _____

다음 주어진 말을 이용하여 조건에 맞춰 우리말을 영어로 옮기세요.

> **조건** 1. 명령문을 사용해서 쓸 것
> 2. 부정문일 경우, 축약형을 사용할 것

1 문을 닫아라. (close)

→ _____

2 소금 좀 건네줘. (pass, the salt)

→ _____

3 행복해져라. (happy)

→ _____

4 착한 학생이 되거라. (a good student)

→ _____

5 늦지 마라. (late)

→ _____

6 실망하지 마. (not, be, disappointed)

→ _____

7 숙제 잊지 마라. (forget, your homework)

→ _____

8 여기에 쓰레기를 버리지 마라. (throw, trash)

→ _____

정답 및 해설 p.34

다음 주어진 말을 이용하여 조건에 맞춰 우리말을 영어로 옮기세요.

조건
1. 제안문의 형태에 유의할 것
2. 괄호에 주어진 단어를 활용할 것

1 집 청소하자. (let, clean, the house)

→ _____

2 선물 가게에 가 보자. (let, visit, a gift shop)

→ _____

3 서두르지 말자. (let, hurry)

→ _____

4 시간 낭비하지 말자. (let, waste)

→ _____

5 새로운 것을 배우는 게 어때? (how about, learn, new things)

→ _____

6 우리 해변에 가는 게 어때? (why don't we, the beach)

→ _____

7 우리 간식을 좀 사는 게 어때? (why don't we, buy, some snacks)

→ _____

8 수업을 시작할까? (shall we, begin, the lesson)

→ _____

UNIT 03 부가의문문

정답 및 해설 p.34

 다음 주어진 말을 이용하여 조건에 맞춰 우리말을 영어로 옮기세요.

> **조건**
> 1. 알맞은 부가의문문을 쓸 것
> 2. 축약형을 사용하고 현재 또는 과거 시제에 유의할 것

1 오늘은 월요일이지, 그렇지 않니? (it, Monday)

→ _____

2 너는 요리를 잘하지, 그렇지 않니? (a good cook)

→ _____

3 그 게임은 재미있지 않았어, 그렇지? (the game, exciting)

→ _____

4 그들은 프랑스어를 사용하지, 그렇지 않니? (speak, French)

→ _____

5 너는 학교에 걸어가지 않지, 그렇지? (walk to school)

→ _____

6 그는 그 소식을 못 들었지, 그렇지? (hear the news)

→ _____

7 Jessica는 수영을 못해, 그렇지? (can, swim)

→ _____

8 그 파티는 5시에 시작할 거지, 그렇지 않니? (the party, will, start)

→ _____

UNIT 04 감탄문

정답 및 해설 p.34

 다음 주어진 말을 이용하여 조건에 맞춰 우리말을 영어로 옮기세요.

> **조건**
> 1. 1~4번: what 감탄문으로 쓸 것, 5~8번: How 감탄문으로 쓸 것
> 2. 괄호에 주어진 단어를 활용할 것

1 그것은 정말 완벽한 계획이구나! (a perfect plan)

→ _____

2 그녀는 정말 예쁜 목소리를 가졌구나! (a beautiful voice)

→ _____

3 너는 정말 따뜻한 마음을 가졌구나! (a warm heart)

→ _____

4 이것들은 정말 편한 신발이구나! (comfortable shoes)

→ _____

5 그는 정말 열심히 공부하는구나! (hard, study)

→ _____

6 그 영화는 매우 흥미로웠어! (interesting, the movie)

→ _____

7 공기가 정말 맑구나! (fresh, the air)

→ _____

8 그 다리는 정말 길구나! (long, the bridge)

→ _____

UNIT 01 형용사의 종류와 역할

정답 및 해설 p.35

 다음 주어진 말을 이용하여 조건에 맞춰 우리말을 영어로 옮기세요.

> **조건**
> 1. 형용사의 쓰임에 유의할 것
> 2. 축약형을 쓰지 말 것

1 이 노래는 인기가 있다. (song, popular)

→ _____

2 이것이 내 새 자전거이다. (new bike)

→ _____

3 그들은 불쌍한 아이들을 돕는다. (help, poor)

→ _____

4 그들은 바쁘다. (busy)

→ _____

5 그 레몬은 신 맛이 난다. (the lemon, taste, sour)

→ _____

6 너는 훌륭한 계획이 있다. (a great plan)

→ _____

7 그들은 유명한 가수들이다. (famous singers)

→ _____

8 우리는 정말 멋진 하루를 보냈다. (have, fantastic)

→ _____

정답 및 해설 p.35

다음 주어진 말을 이용하여 조건에 맞춰 우리말을 영어로 옮기세요.

> **조건** 1. 1~4번: 부정 수량 형용사를 사용할 것, 5~8번: 감정 형용사를 사용할 것
> 2. 현재 또는 과거 시제에 유의할 것

1 Harry는 물고기를 많이 잡았다. (catch, fish)

→ _____

2 이 곳은 방문객들이 거의 없다. (place, have, visitors)

→ _____

3 그들은 몇 시간 전에 떠났다. (leave, few, hours ago)

→ _____

4 내 수프에 약간의 소금을 넣어 줘. (put, little, salt, soup)

→ _____

5 그 영화는 지루하다. (movie, bore)

→ _____

6 재미있는 의견 좀 있으세요? (any, interest, ideas)

→ _____

7 우리는 그 소식에 충격을 받았다. (shock, at the news)

→ _____

8 나는 너의 편지를 받아 기쁘다. (please, with your letter)

→ _____

UNIT 03 부사의 형태와 역할

정답 및 해설 p.35

💬 다음 주어진 말을 이용하여 조건에 맞춰 우리말을 영어로 옮기세요.

> **조건**
> 1. 알맞은 부사를 사용해서 쓸 것
> 2. 현재 또는 과거 시제에 유의할 것

1 Thompson 씨는 매우 부유하다. (Mr. Thompson, rich)

→ _____

2 나는 거기에 조용하게 앉았다. (sit, there)

→ _____

3 나는 한국 음식을 아주 좋아한다. (like, Korean food)

→ _____

4 여기는 음식이 정말 저렴하다. (the food, real, cheap, here)

→ _____

5 그 아이들은 아름답게 노래했다. (the children, sing, beautiful)

→ _____

6 Lucy는 학교에서 열심히 공부한다. (study, hard, at school)

→ _____

7 달팽이들은 천천히 움직인다. (snail, move, slow)

→ _____

8 너의 돈을 지혜롭게 써라. (spend, wise)

→ _____

UNIT 04 빈도부사

정답 및 해설 p.35

다음 주어진 말을 이용하여 조건에 맞춰 우리말을 영어로 옮기세요.

조건 1. 빈도부사(always, usually, often, sometimes, never)의 위치에 유의할 것
      2. 축약형을 사용하지 말고, 현재 또는 과거 시제에 유의할 것

1 우리는 대개 학교를 3시에 마친다. (finish school)

→ _____

2 그들은 대개 10시에 문을 연다. (open, at ten)

→ _____

3 런던에는 자주 비가 내린다. (it, rain, in London)

→ _____

4 나는 가끔 TV를 켜 둔 채 잠을 잔다. (sleep, with the TV on)

→ _____

5 그곳은 항상 사람들로 붐빈다. (it, full of)

→ _____

6 나는 항상 그들을 사랑할 것이다. (will, love)

→ _____

7 너는 절대 혼자가 아니다. (alone)

→ _____

8 그는 절대 자신의 성적에 만족하지 않는다. (satisfied with, grades)

→ _____

정답 및 해설 p.35

💬 다음 주어진 말을 이용하여 조건에 맞춰 우리말을 영어로 옮기세요.

조건
1. 1~4번: 비교급 문장을 만들 것, 5~8번: 최상급 문장을 만들 것
2. 괄호에 주어진 단어를 활용할 것

1 올해는 작년보다 더 덥다. (year, hot)

→ _____

2 나는 Emily보다 더 일찍 일어난다. (get up, early)

→ _____

3 그것은 피자보다 더 맛있다. (tasty, pizza)

→ _____

4 이 책이 저것보다 더 재미있다. (interesting, one)

→ _____

5 건강은 가장 중요한 것이다. (health, important thing)

→ _____

6 Ron은 그 팀에서 가장 우수한 선수이다. (player, in the team)

→ _____

7 나에게는 영어가 가장 쉬운 과목이다. (English, easy, subject, for)

→ _____

8 이 타워는 도시에서 가장 유명한 곳이다. (this tower, famous, place, city)

→ _____

정답 및 해설 p.36

다음 주어진 말을 이용하여 조건에 맞춰 우리말을 영어로 옮기세요.

조건
1. 1~2번: can, 3~4번: may, 5~6번: must, 7~8번: should를 쓸 것
2. 괄호에 주어진 단어를 활용할 것

1 나는 자전거를 탈 수 있다. (ride, a bike)

→ _____

2 너는 피아노를 칠 수 있니? (play, the piano)

→ _____

3 여기 앉아도 될까요? (sit, here)

→ _____

4 그녀는 집에 없을지도 모른다. (at home)

→ _____

5 우리는 학교 규칙을 지켜야 한다. (follow, the school rules)

→ _____

6 Rick은 영리한 소년임에 틀림없다. (a smart boy)

→ _____

7 너는 친구들과 싸우면 안 된다. (fight with)

→ _____

8 제가 오늘 이것을 끝내야 하나요? (finish)

→ _____

UNIT 02 접속사 (and, but, or, because, when, if)

정답 및 해설 p.36

다음 주어진 말을 이용하여 조건에 맞춰 우리말을 영어로 옮기세요.

조건
1. 알맞은 접속사를 사용하여 쓸 것
2. 현재 또는 과거 시제에 유의할 것

1 그 게임은 간단하고 쉽다. (the game, simple, easy)

→ _____

2 나는 티셔츠와 재킷을 샀다. (pack, a T-shirt, a jacket)

→ _____

3 Fred는 어리지만, 그의 꿈은 크다. (little, dream, big)

→ _____

4 너는 수프를 원하니, 아니면 샐러드를 원하니? (want, soup, salad)

→ _____

5 그들은 그 게임에서 이겨서 행복했다. (win, happy)

→ _____

6 그는 아파서 학교에 가지 않았다. (go to school, sick)

→ _____

7 나는 피곤할 때 음악을 듣는다. (listen to music, be tired)

→ _____

8 질문 있으면 나에게 물어봐. (ask, any questions)

→ _____

정답 및 해설 p.36

다음 주어진 말을 이용하여 조건에 맞춰 우리말을 영어로 옮기세요.

> **조건** 1. 명령문, and/or을 사용할 것
> 2. 괄호에 주어진 단어를 활용할 것

1 일찍 자라, 그러면 일찍 일어날 것이다. (go to bed, wake up)

→ _____

2 규칙적으로 운동해라, 그러면 건강해질 것이다. (exercise regularly, healthy)

→ _____

3 내게 사실을 말해줘, 그러면 내가 너를 용서할게. (the truth, forgive)

→ _____

4 서둘러라, 그러면 너는 버스를 잡을 것이다. (hurry up, catch the bus)

→ _____

5 그것을 적어 놓아라, 그렇지 않으면 잊어버릴 것이다. (write it down, forget)

→ _____

6 숙제를 끝내라, 그렇지 않으면 너는 TV를 볼 수 없다. (finish, your homework, watch TV)

→ _____

7 조용히 해라, 그렇지 않으면 아기가 깰 것이다. (quiet, the baby, wake up)

→ _____

8 너의 코트를 입어라, 그렇지 않으면 감기에 걸릴 것이다. (put on, coat, catch a cold)

→ _____

정답 및 해설 p.36

다음 주어진 말을 이용하여 조건에 맞춰 우리말을 영어로 옮기세요.

> **조건**
> 1. 전치사의 쓰임에 유의하여 알맞은 in, on, at을 쓸 것
> 2. 축약형을 사용하지 말고, 현재 또는 과거 시제에 유의할 것

1   Ken은 태국에 산다. (live, Thailand)

→ _____

2   겨울에는 춥고 건조하다. (it, cold and dry)

→ _____

3   그들은 대개 토요일에 바쁘다. (usually, Saturdays)

→ _____

4   그녀는 탁자 위에 자신의 물건들을 놓았다. (put, stuff, the table)

→ _____

5   그의 아파트는 2층에 있다. (apartment, the second floor)

→ _____

6   우리는 밤에 별들을 볼 수 있다. (the stars, at night)

→ _____

7   그 콘서트는 2시 30분에 시작한다. (the concert, begin)

→ _____

8   나는 버스 정류장에서 Brian을 보았다. (see, the bus stop)

→ _____

💬 다음 주어진 말을 이용하여 조건에 맞춰 우리말을 영어로 옮기세요.

> **조건**
> 1. 1~4번: to부정사로 쓸 것, 5~8번: 동명사로 쓸 것
> 2. 현재 또는 과거 시제에 유의할 것

1 자전거 타기는 재미있다. (ride)

→ _____

2 그는 만화책을 읽는 것을 좋아한다. (like, read, comic books)

→ _____

3 나의 목표는 수학에서 A를 받는 것이다. (goal, get an A, in math)

→ _____

4 그들은 새 차를 사기로 결심했다. (decide, buy, a new car)

→ _____

5 일찍 일어나는 것은 좋은 습관이다. (get up, a good habit)

→ _____

6 그의 직업은 비행기를 수리하는 것이다. (his job, fix, airplanes)

→ _____

7 그녀는 자신의 옷장을 청소하는 것을 끝냈다. (finish, clean, her closet)

→ _____

8 Mark는 새로운 곳을 방문하는 것을 즐긴다. (enjoy, visit, new places)

→ _____

MEMO

LEVEL CHART

	초1	초2	초3	초4	초5	초6	중1	중2	중3	고1	고2	고3
VOCA	초등필수 영단어 1-2 · 3-4 · 5-6학년용											
			The VOCA + (플러스) 1~7									
		THIS IS VOCABULARY 입문 · 초급 · 중급										
							THIS IS VOCABULARY 고급 · 어원 · 수능 완성 · 뉴텝스					
Grammar		초등필수 영문법 + 쓰기 1~2										
		OK Grammar 1~4										
		This Is Grammar Starter 1~3										
				This Is Grammar 초급~고급 (각 2권: 총 6권)							
					Grammar 공감 1~3							
					Grammar 101 1~3							
					Grammar Bridge 1~3							
					중학영문법 뽀개기 1~3							
				This Is Grammar(The Grammar Starter, 1~3)								
								구사일생 (구문독해 Basic) 1~2				
								구문독해 204 1~2				
							그래머 캡처 1~2					
							[특급 단기 특강] 어법어휘 모의고사					

공부감각을 키워주는

영문법+쓰기

통문장
암기 훈련
워크북 포함

통통 내신 서술형 맛보기
2

넥서스영어교육연구소 지음

정답 및 해설

넥서스에듀

공감

부 각을
키워주는

영문법+쓰기

정답 및 해설

Chapter 6 여러 가지 문장 1

UNIT 01 be동사 문장   p.015

STEP 1 - A

1	am	2	are	3	are
4	was	5	were	6	is

◆ 해석

1 나는 너무 피곤하다.
2 너는 이제 안전하다.
3 그들은 너를 자랑스럽게 여긴다.
4 그는 그때 너무 어렸다.
5 우리는 작년에 같은 반이었다.
6 Jim은 훌륭한 가수이다.

◈ 해설

1 주어가 1인칭 단수이고 현재형으로 am
2 주어가 2인칭 단수이고 현재시제로 are
3 주어가 3인칭 복수이고 현재시제로 are
4 주어가 3인칭 단수이고 과거시제로 was
5 주어가 1인칭 복수이고 과거시제로 were
6 주어가 3인칭 단수이고 현재시제로 is

STEP 1 - B

1	is	2	am	3	are
4	Are	5	Was	6	were

◈ 해설

1 주어가 3인칭 단수이고 현재시제로 is
2 주어가 1인칭 단수이고 현재시제로 am
3 주어가 1인칭 복수이고 현재시제로 are
4 주어가 2인칭이고 현재시제 의문문으로 Are
5 주어가 3인칭이고 과거시제 의문문으로 Was
6 주어가 2인칭 단수이고 과거시제 부정문으로 were

STEP 2 - A

1	am, not	2	is, not	3	are, not
4	was, not	5	were, not	6	were, not

◆ 해석

1 나는 정직하다. 나는 거짓말쟁이가 아니다.
2 그는 캐나다인이다. 그는 미국인이 아니다.
3 Ben과 나는 체육관에 있다. 우리는 도서관에 없다.
4 그 영화는 지루했다. 그것은 재미있지 않았다.
5 그들은 의사들이었다. 그들은 소방관들이 아니었다.
6 이 장갑들은 저렴했다. 그것들은 비싸지 않았다.

◈ 해설

1~6 앞 문장과 뒤따르는 문장의 내용이 반대가 되므로 be동사 뒤에 부정어 not을 추가해야 함

STEP 2 - B

1	Are, they	2	Is, she	3	Are, you
4	Was, I	5	Were, the, kids		

◆ 해석

1 A: 그들은 너에게 친절하니?   B: 응, 그래.
2 A: 그녀는 우리 영어 선생님이니?   B: 아니, 그렇지 않아.
3 A: 너는 화가 났니?   B: 아니, 그렇지 않아.
4 A: 나는 영리한 학생이었나요?   B: 응, 그랬어.
5 A: 아이들은 수영장에 있었니?   B: 응, 그랬어.

◈ 해설

1~5 질문에 대한 대답의 시제를 참고하여 'be동사+주어'의 어순으로 의문문 완성

STEP 3 - A

1 Are you cold now?
2 She is in danger.
3 Was Ted in the museum?
4 The men were famous singers.

◈ 해설

1~4 의문문은 'be동사+주어~?', 평서문은 '주어+be동사~', 부정문은 '주어+be동사+not~'의 어순으로 배열

STEP 3 - B

1 It is[It's] my favorite food.
2 Is he a great reporter?
3 I was scared at that time.
4 Joe was not[wasn't] lucky.
5 Were you at the concert?

◈ 해설

1~5 의문문은 'be동사+주어~?', 평서문은 '주어+be동사~', 부정문은 '주어+be동사+not~'의 어순으로 문장 완성

STEP 1 - A

1	There, is	**2**	There, is
3	There, are	**4**	There, are

◆ 해석
1 벽에 시계가 있다.
2 컵에 커피가 있다.
3 하늘에 구름들이 있다.
4 정원에 나비들이 있다.

◈ 해설
1 뒤에 단수명사가 있으므로 there is
2 뒤에 셀 수 없는 명사가 있으므로 there is
3~4 뒤에 복수명사가 있으므로 there are

STEP 1 - B

1	There are	**2**	There is
3	There are not	**4**	Is there
5	There is		

◆ 해석
1 연못에 세 마리의 개구리가 있다.
2 언덕 위에 오래된 집이 하나 있다.
3 그 동물원에 사자들이 없다.
4 그 강에 보트가 있니?
5 내 신발에 모래가 있다.

◈ 해설
1 주어가 복수명사이므로 There are
2 주어가 단수명사이므로 There is
3 주어가 복수명사인 부정문이므로 There are not
4 주어가 단수명사인 의문문이므로 Is there
5 주어가 셀 수 없는 명사이므로 There is

STEP 2 - A

1 There is a cafeteria
2 There are two rulers
3 Are there letters
4 Is there ice
5 There are not any turtles

◈ 해설
1 주어가 단수명사이므로 There is ~
2 주어가 복수명사이므로 There are ~
3 주어가 복수명사이고 의문문이므로 Are there ~
4 주어가 셀 수 없는 명사이고 의문문이므로 Is there ~
5 주어가 복수명사이고 부정문이므로 There are not ~

STEP 2 - B

1 There is a cat on the sofa.
2 There aren't[are not] many people here.
3 There are mice in the kitchen.
4 Is there a question?
5 There is not enough time.

◆ 해석
1 소파 위에 고양이 한 마리가 있다.
2 여기에 사람들이 많지 않다.
3 부엌에 쥐들이 있다.
4 질문 있니?
5 시간이 충분하지 않다.

◈ 해설
1 주어가 단수명사로 are → is
2 주어가 복수명사로 isn't → aren't
3 There are 다음에는 주어로 복수명사가 와야 하므로 mouse → mice
4 There is 의문문은 'There is ~?' → 'Is there ~?'의 형태
5 주어가 셀 수 없는 명사로 are → is

STEP 3 - A

1 There are not any parks
2 Are there toys
3 There is a fly
4 Is there a bus stop

◈ 해설
1 부정문으로 'There be동사+not+주어'의 어순으로 배열
2,4 의문문으로 'Be동사+there+주어 ~?'의 어순으로 배열
3 평서문으로 'There be동사+주어'의 어순으로 배열

STEP 3 - B

1 There is a piece of cake
2 There are horses
3 There are not[aren't] any empty seats.
4 There are many cars
5 Is there a problem

◈ 해설
1~2,4 평서문으로 'There be동사+주어'의 어순으로 문장 완성
3 부정문으로 'There be동사+not+주어'의 어순으로 문장 완성
5 의문문으로 'Be동사+there+주어 ~?'의 어순으로 문장 완성

STEP 1 - A

1	go	**2**	flies	**3**	teaches
4	play	**5**	ride		

◆ 해석

1 나는 버스를 타고 학교에 간다.

2 그것은 바람에 잘 난다.

3 그는 고등학교에서 가르친다.

4 우리는 보드게임을 한다.

5 Jessy와 나는 방과 후에 자전거를 탄다.

◈ 해설

1 주어가 1인칭 단수로 동사원형

2 주어가 3인칭 단수로 일반동사의 3인칭 현재 단수형 필요, 「자음+y」로 끝나는 동사는 -y를 빼고 + -ies

3 주어가 3인칭 단수로 일반동사의 3인칭 현재 단수형 필요, -ch로 끝나는 동사: + -es

4 주어가 1인칭 복수로 동사원형

5 주어가 복수명사로 동사원형

STEP 1 - B

1	tastes, taste	**2**	has, have
3	do, does	**4**	watches, watch

◆ 해석

1 그것은 정말 맛있다.
그것들은 정말 맛있다.

2 그녀는 DIY 기술이 훌륭하다.
너는 DIY 기술이 훌륭하다.

3 그들은 집안일을 많이 한다.
우리 엄마는 집안일을 많이 한다.

4 그는 TV로 축구 경기를 본다.
우리는 TV로 축구 경기를 본다.

◈ 해설

1 it은 3인칭 단수로 일반동사의 3인칭 현재 단수형 필요
they는 3인칭 복수로 동사원형 필요

2 she는 3인칭 단수로 일반동사의 3인칭 현재 단수형 필요
you는 2인칭 단수로 동사원형 필요

3 they는 3인칭 복수로 동사원형 필요
my mom은 단수명사로 일반동사의 3인칭 현재 단수형 필요

4 he는 3인칭 단수로 일반동사의 3인칭 현재 단수형 필요
we는 1인칭 복수로 동사원형 필요

STEP 2 - A

1 She tells about her dream.

2 I don't have a pet.

3 Do you practice soccer every day?

4 He doesn't enjoy computer games.

◈ 해설

1 주어가 3인칭 단수로 일반동사의 3인칭 현재 단수형이 와야 하므로 tell → tells

2 don't 다음에는 동사원형이 와야 하므로 has → have

3 주어가 2인칭으로 Does → Do

4 주어가 3인칭 단수로 don't → doesn't

STEP 2 - B

1 She does not[doesn't] remember
Does she remember

2 You do not[don't] like
Do you like

3 They do not[don't] use
Do they use

4 It does not[doesn't] make
Does it make

◆ 해석

1 그녀는 나를 기억한다.
→ 그녀는 나를 기억하지 못한다.
→ 그녀는 나를 기억하니?

2 너는 팝 음악을 좋아한다.
→ 너는 팝 음악을 좋아하지 않는다.
→ 너는 팝 음악을 좋아하니?

3 그들은 물을 많이 쓴다.
→ 그들은 물을 많이 쓰지 않는다.
→ 그들은 물을 많이 쓰니?

4 그것은 사람들을 행복하게 만든다.
→ 그것은 사람들을 행복하게 만들지 않는다.
→ 그것은 사람들을 행복하게 만드니?

◈ 해설

1,4 주어가 3인칭 단수이므로 부정문은 '주어+does not[doesn't]+동사원형'의 형태이고, 의문문은 'Does+주어+동사원형~?'의 형태

2~3 주어가 2인칭 단수, 3인칭 복수이므로 부정문은 '주어+do not[don't]+동사원형'의 형태이고, 의문문은 'Do+주어+동사원형~?'의 형태

STEP 3 - A

1 I have a headache.

2 Does it sound strange?

3 Do you come here

4 This bus goes downtown.

5 They do not work

1 주어가 1인칭으로 '주어+동사원형'의 어순으로 배열

2~3 일반동사 의문문으로 'Do/Does+주어+동사원형~?'의 어순으로 배열

4 주어가 단수명사로 '주어+일반동사의 3인칭 현재 단수형'의 어순으로 배열

5 일반동사 부정문으로 '주어+do not+동사원형'의 어순으로 배열

STEP 3 - B

1 She worries
2 Students learn
3 He doesn't watch
4 Does Kate exercise

◈ 해설

1 주어가 3인칭 단수로 '주어+일반동사의 3인칭 현재 단수형'의 어순으로 문장 완성

2 주어가 복수명사로 '주어+동사원형'의 어순으로 문장 완성

3 주어가 3인칭 단수이고 부정문으로 '주어+doesn't+동사원형'의 어순으로 문장 완성

4 주어가 단수명사이고 의문문으로 'Does+주어+동사원형~?'의 어순으로 문장 완성

UNIT 04 일반동사 문장 2(과거)   p.027

STEP 1 - A

1 did
2 studied
3 planned
4 knew
5 spoke

◆ 해석

1 나는 이미 숙제를 했다.
2 우리 삼촌은 대학에서 법학을 공부했다.
3 우리는 Jake를 위해 깜짝 파티를 계획했다.
4 그녀는 모든 답을 알고 있었다.
5 한 남자가 기차에서 나에게 말했다.

◈ 해설

1 do는 불규칙 변화 동사로 did
2 「자음+y」로 끝나는 동사: y를 i로 바꾸고+-ed
3 「단모음+단자음」으로 끝나는 동사: 자음을 한 번 더 쓰고 +-ed
4 know는 불규칙 변화 동사로 knew
5 speak은 불규칙 변화 동사로 spoke

STEP 1 - B

1 had
2 made
3 passed
4 cried
5 sat
6 came

◆ 해석

1 그는 좋은 생각을 가지고 있었다.
2 나는 많은 실수를 했다.
3 그때는 시간이 빨리 갔다.
4 그녀는 어젯밤 많이 울었다.
5 그들은 그 식탁에 조용하게 앉아 있었다.
6 나의 아버지는 회사에서 돌아오셨다.

◈ 해설

1 have → had
2 make → made
3 대부분의 동사: +-ed
4 「자음+y」로 끝나는 동사: y를 i로 바꾸고+-ed
5 sit → sat
6 come → came

STEP 2 - A

1 did, not, try
2 did, not, share
3 Did, visit
4 Did, laugh

◈ 해설

1~2 일반동사의 과거 부정문은 '주어+did not+동사원형'의 형태

3~4 일반동사의 과거 의문문은 'Did+주어+동사원형~?'의 형태

STEP 2 - B

1 I did not give up.
2 Did he believe you?
3 We went on a camping trip.
4 The elevator stopped on the fifth floor.
5 He didn't say anything about the accident.

◈ 해설

1 did not 다음에는 동사원형이 와야 하므로 gave up → give up

2 일반동사 과거 의문문에서 주어 다음에는 동사원형이 와야 하므로 believes → believe

3 go는 불규칙 변화 동사로 과거형은 went이므로 goes → went

4 stop은 「단모음+단자음」으로 끝나는 동사로 과거형은 자음을 한 번 더 쓰고+-ed이므로 stop → stopped

5 일반동사의 과거 부정문은 '주어+did not+동사원형'의 형태이므로 doesn't said → didn't say

STEP 3 - A

1 He won the first prize
2 We walked along the river.
3 Did they wait long
4 Did she lose the money?

◈ 해설

1~2 일반동사 과거 평서문으로 '주어+동사의 과거형'의 어순으로 문장 배열

3~4 일반동사의 과거 의문문은 'Did+주어+동사원형~?'의 어순으로 문장 배열

STEP 3 - B

1 Did you take   2 The girl looked
3 He slept   4 I didn't get
5 We didn't order

◈ 해설

1 일반동사의 과거 의문문으로 'Did+주어+동사원형~?'의 어순으로 문장 완성

2~3 일반동사 과거 평서문으로 '주어+동사의 과거형'의 어순으로 문장 완성

4~5 일반동사의 과거 부정문으로 '주어+did not+동사원형'의 어순으로 문장 완성

단답형&서술형
중등내신 서술형 맛보기

p.030

1 studied, study
2 were, are
3 met, meet
4 gets, got
5 don't[do not]
6 doesn't[does not]
7 live, are
8 snowed, stopped
9 There, are
10 Are, there
11 (1) is, not (2) Is
12 (1) did, not (2) Did
13 (A) Are (B) are not[aren't]
14 (A) Did, stay (B) went
15 ⓐ bookstores ⓑ there
16 ⓐ leave ⓑ doesn't
17 They speak French.
18 She goes to school by bus.
19 He doesn't tell me the truth.
20 We ate toast and drank coffee.

1

나는 3년 전에 일본어를 공부했다. 하지만 나는 올해 스페인어를 공부한다.

three years ago는 과거 시간 표현으로 과거 동사, this year는 현재 시간 표현으로 현재 동사

2

한 시간 전에 여기 많은 사람들이 있었다. 지금은 두 명뿐이다.

an hour ago는 과거 시간 표현으로 과거 동사, now는 현재 시간 표현으로 현재 동사

3

Sarah와 나는 지난 토요일에 만났다. 우리는 항상 금요일에 만난다.

last Saturday는 과거 시간 표현으로 과거 동사, always는 현재 시간 표현으로 현재 동사

4

그녀는 대개 아침에 일찍 일어난다. 하지만 그녀는 어제 늦게 일어났다.

usually는 현재 시간 표현으로 현재 동사, yesterday는 과거 시간 표현으로 과거 동사

5

그들은 은행에서 일하지 않는다. 그들은 병원에서 일한다.

일반동사 부정문이 되어야 하고, 주어가 3인칭 복수로 don't

6

Brown 씨는 영어를 가르치지 않는다. 그는 수학을 가르친다.

일반동사 부정문이 되어야 하고, 주어가 단수명사로 doesn't

7

Smith 부부는 지금 우리 옆집에 산다. 그들은 친절하다.

now는 현재 시간 표현으로 동사원형, be동사의 현재형

8

어제 폭설이 내렸다. 하지만 오늘 아침에 눈이 그쳤다.

yesterday와 this morning은 과거 시간 표현으로 과거형

9

주어가 복수명사(flowers)이므로 There are

10

주어가 복수명사(pencils)이고 의문문이므로 Are there

11

Mike는 유명한 디자이너이다.

→ Mike는 유명한 디자이너가 아니다.

→ Mike는 유명한 디자이너니?

be동사 부정문은 'be동사+not',
be동사 의문문은 'Be동사+주어~?'

12

너는 소파에서 잠을 잤다.

→ 너는 소파에서 잠을 자지 않았다.

→ 너는 소파에서 잠을 잤니?

일반동사 과거 부정문은 'did not+동사원형', 과거 의문문은 'Did+주어+동사원형~?'

13

A: 너희들은 중국 출신이니?

B: 아니야. 우리는 중국 출신이 아니야. 우리는 한국에서 왔어.

주어가 2인칭 복수로 Are, 주어가 1인칭 복수이고 부정문은 are not

14

A: 너는 하루 종일 집에서 머물렀니?

B: 아니, 그렇지 않아. 나는 Amy의 집에 갔었어.

일반동사 과거시제 의문문은 'Did+주어+동사원형~?'의 형태, go의 과거형은 went

15

A: 쇼핑몰에 서점이 있니?

B: 응, 있어.

앞에 Are가 있으므로 주어로 복수명사가 와야 하며, 긍정의 대답으로 there are

16

A: 기차는 8시에 출발하니?

B: 아니, 그렇지 않아. 그것은 7시50분에 출발해.

일반동사 현재시제 의문문은 'Does+주어+동사원형~?'의 형태이고, 일반동사 현재시제 의문문에 대한 대답으로 doesn't가 되어야 함

17

그는 프랑스어를 말한다.

→ 그들은 프랑스어를 말한다.

주어가 3인칭 복수이고 일반동사 현재시제가 되어야 하므로 동사원형의 형태가 되어야 함

18

나는 버스로 학교에 간다.

→ 그녀는 버스로 학교에 간다.

주어가 1인칭 단수에서 3인칭 단수가 되어야 하므로 동사가 3인칭 단수 현재형이 되어야 함 go → goes

19

그는 나에게 진실을 말하지 않았다.

→ 그는 나에게 진실을 말하지 않는다.

주어가 3인칭 단수이고 일반동사 현재시제 부정문이 되어야 하므로 '주어+doesn't+동사원형'의 형태가 되어야 함

20

우리는 토스트를 먹고 커피를 마신다.

→ 우리를 토스트를 먹었고 커피를 마셨다.

eat의 과거형 → ate, drink의 과거형 → drank

Chapter 7 여러 가지 문장 2

UNIT 01 의문사 의문문1 (who, what, which) p.035

STEP 1 - A

1	What	**2**	Who	**3**	Which
4	Who	**5**	What		

◈ 해설

1, 5 무엇 → what

2, 4 누구 → who

3 어떤 것(정해진 범위 안) → which

STEP 1 - B

1	What is	**2**	Which do	**3**	Who is
4	What does	**5**	Who did		

◈ 해설

1 무엇 → what

2, 4 일반동사가 있는 의문문으로 '의문사+do/does/did+주어+동사?'의 형태

3 be동사가 있는 의문문으로 '의문사+be동사+주어?'의 형태

5 누구 → who

STEP 2 - A

1	Who	**2**	What	**3**	Which
4	What	**5**	Who		

◆ 해석

1 A: 저기 있는 소년은 누구니?
   B: 그는 내 사촌 Benson이야.

2 A: 그 가게는 무엇을 파니?
   B: 그곳은 채소와 과일을 팔아.

3 A: 너는 축구와 야구 중 어떤 운동이 더 좋니?
   B: 나는 축구가 더 좋아.

4 A: 너는 지난 주말에 무엇을 했니?
   B: 나는 영화를 보러 갔어.

5 A: 누가 이 케이크를 만들었니?
   B: Sarah가 그것을 만들었어.

◈ 해설

1 who (누구) → my cousin, Benson

2 what (무엇) → vegetables and fruits

3 which (어떤 것) → soccer

4 what (무엇) → went to the movies

5 who (누구) → Sarah

1 Who is that man?

2 What color do you like?

3 Which hat is yours, the white one or the black one?

4 Who wants water?

◈ 해설

1 누구 → who

2 무슨 → what

3 어떤 것(정해진 범위 안) → which

4 의문사 주어는 3인칭 단수 취급해 단수동사가 옴

STEP 3 - A

1 What is your secret?

2 Who does she miss?

3 Which way is the library?

4 What number comes before zero?

5 Who is your favorite singer?

◈ 해설

1, 5 be동사가 있는 의문문으로 '의문사+be동사+주어?'의 형태

2 일반동사가 있는 의문문으로 '의문사+do/does/did+주어+동사?'의 형태

3 의문사가 뒤에 오는 명사를 수식하므로 '의문사+명사+is+주어?'의 형태

4 의문사가 뒤에 오는 명사를 수식한다.

STEP 3 - B

1 What are those boxes?

2 What did Jason say to you?

3 Who fixed this computer?

4 Which do you prefer

◈ 해설

1 무슨 → what, be동사가 있는 의문문으로 '의문사+be동사+주어?'의 어순으로 문장 완성

2 무슨 → what, 일반동사가 있는 의문문으로 '의문사+do/does/did+주어+동사?'의 어순으로 문장 완성

3 누구 → who, 의문사가 주어인 경우 평서문과 같은 어순이나, 의문사 주어로 '의문사+fixed~?'의 어순으로 문장 완성

4 어떤 것 → which, 일반동사가 있는 의문문으로 '의문사+do/does/did+주어+동사?'의 어순으로 문장 완성

UNIT 02 의문사 의문문 2 (when, where, why, how)

p.038

Check-up

1 When   **2** Where   **3** Why

4 How

◈ 해설

1 언제 → when

2 어디에 → where

3 왜 → why

4 어떤 → how

STEP 1 - A

1 Why   **2** Where   **3** When

4 Why   **5** How

◈ 해설

1 왜 → why

2 어디에 → where

3 언제 → when

4 왜 → why

5 어떤 → how

STEP 1 - B

1 How   **2** How   **3** Where

4 When   **5** Why

◆ 해석

1 A: 내가 어때 보여?
   B: 멋져 보여.

2 A: 너의 여행은 어땠니?
   B: 재미있었어.

3 A: 넌 어디서 운동을 하니?
   B: 나는 헬스장에서 운동을 해.

4 A: 그는 언제 여기로 이사 왔니?
   B: 그는 지난달에 이곳으로 이사 왔어.

5 A: 그녀는 왜 너에게 핸드폰을 빌렸니?
   B: 그녀의 핸드폰이 고장 났기 때문이야.

◈ 해설

1 how (상태) → look great

2 how (상태) → fun

3 where (장소) → at the gym

4 when (시간) → last month

5 why (이유) → because her phone was broken

1 When, is **2** When, did **3** Why, did
4 Where, was **5** How, does

◆ 해석
1 A: 그 파티는 언제니?
  B: 내일 저녁이야.
2 A: 그들은 언제 떠났니?
  B: 그들은 한 시간 전에 떠났어.
3 A: 그녀는 왜 그 드레스를 샀니?
  B: 왜냐하면 그녀는 그 색깔을 좋아했기 때문이야.
4 A: 그녀는 어디서 태어났니?
  B: 그녀는 캐나다, 토론토에서 태어났어.
5 A: Jessica는 학교에 어떻게 가니?
  B: 그녀는 버스를 타고 학교에 가.

◈ 해설
1, 4 be동사가 있는 의문문으로 '의문사+be동사+주어?'의 형태
2~3, 5 일반동사가 있는 의문문으로 '의문사+do/does/did+
  주어+동사?'의 형태

1 Why is she so popular?
2 How does it taste?
3 Where did you find the book?
4 How was the movie?
5 When do your parents come home?

◈ 해설
1 왜 → why
2 어떤 → how
3 일반동사 과거시제 의문 의문문으로 were → did
4 be동사 과거시제 의문 의문문으로 did → was
5 주어가 복수명사로 does → do

1 When was your vacation?
2 Where does she work?
3 Why was he angry?
4 How is the weather?

◈ 해설
1, 3~4 be동사가 있는 의문문으로 '의문사+be동사+주어?'의
  어순으로 배열
2 일반동사가 있는 의문문으로 '의문사+do/does/did+주어+
  동사?'의 어순으로 배열

1 When did the rain stop?
2 Why do you think so?
3 Where is the drugstore?
4 How do you feel now?
5 Why were you so busy yesterday?

◈ 해설
1~2, 4 일반동사가 있는 의문문으로 '의문사+do/does/did+
  주어+동사?'의 어순으로 문장 완성
3, 5 be동사가 있는 의문문으로 '의문사+be동사+주어?'의 어순
  으로 문장 완성

UNIT 03 의문사 의문문 3 (how+형용사/부사) p.042

Check-up

1 How old **2** How much **3** How long

◈ 해설
1 나이 → how old
2 가격 → how much
3 소요 시간 → how long

1 How, tall **2** How, heavy **3** How, often
4 How, far **5** How, much

◈ 해설
1 how tall: 키
2 how heavy: 무게
3 how often: 빈도
4 how far: 거리
5 how much: 가격

1 How, tall **2** How, many
3 How, much **4** How, often
5 How, long

1 A: 그 건물은 얼마나 높니?
B: 그것은 500 미터야.

2 A: Smith 씨는 몇 명의 자녀가 있니?
B: 그는 세 명이 자녀가 있어.

3 A: 너는 매일 얼마나 많은 물을 마시니?
B: 나는 하루에 8잔의 물을 마셔.

4 A: 너는 얼마나 자주 영화를 보니?
B: 나는 한 달에 한 번 영화를 봐.

5 A: 수업은 얼마나 기니?
B: 그건 한 시간이야.

◈ 해설

1 how tall (키) → 500 meters tall

2 how many (수) → three children

3 how much (양) → eight glasses of water

4 how often (빈도) → once a month

5 how long (길이, 소요 시간) → an hour long

STEP 2 - A

1 How, old, is

2 How, tall, is

3 How, many, books, do

4 How, often, do

5 How, long, is

◆ 해석

1 A: 너의 할아버지는 연세가 어떻게 되시니?
B: 70살이셔.

2 A: 너의 누나는 키가 어떻게 되니?
B: 그녀는 160cm야.

3 A: 너는 한 달에 얼마나 많은 책을 읽니?
B: 나는 한 달에 다섯 권 읽어.

4 A: 너희들은 얼마나 자주 외식을 하니?
B: 우리는 일주일에 한 번 외식을 해.

5 A: 이 다리는 얼마나 기니?
B: 그것은 2km야.

◈ 해설

1 나이를 묻고 be동사가 있는 의문문으로 How old is

2 키를 묻고 be동사가 있는 의문문으로 How tall is

3 수를 묻고 일반동사가 있는 의문문으로 How many books do

4 빈도를 묻고 일반동사가 있는 의문문으로 How often do

5 길이를 묻고 be동사가 있는 의문문으로 How long is

STEP 2 - B

1 How old is the Earth?

2 How big is her garden?

3 How often does he clean his room?

4 How many children were here?

5 How much cake did you eat?

◈ 해설

1 be동사가 있는 의문문으로 'how+형용사/부사+be동사+주어?'의 형태

2 주어가 단수명사로 단수동사 is가 되어야 함

3 주어가 3인칭 단수로 does가 되어야 함

4 how many 다음에는 복수명사가 와야 함

5 cake는 셀 수 없는 명사로 much가 되어야 함

STEP 3 - A

1 How old are your parents?

2 How tall is the tower?

3 How many friends do you have?

4 How heavy is this box?

5 How often does he meet Alice?

◈ 해설

1~2, 4 be동사가 있는 의문문으로 'how+형용사/부사+be동사+주어?'의 어순으로 배열

3, 5 일반동사가 있는 의문문으로 'how+형용사/부사+do/does/did+주어+동사원형?'의 어순으로 배열

STEP 3 - B

1 How well do you know him?

2 How smart is your dog?

3 How much milk is there in the bottle?

4 How often does she go shopping?

◈ 해설

1, 4 일반동사가 있는 의문문으로 'how+형용사/부사+do/does/did+주어+동사원형?'의 형태로 문장완성

2~3 be동사가 있는 의문문으로 'how+형용사/부사+be동사+주어?'의 어순으로 문장 완성

단답형&서술형 중등내신 서술형 맛보기

1 What
2 Where
3 Who
4 Why
5 What
6 Which
7 How
8 When
9 Who
10 How many
11 When
12 How much
13 were you
14 How old is your sister?
15 Where were you
16 When does he finish
17 She lives in Toronto.
18 He is 180 cm tall.
19 They are 30 dollars.
20 I had a tuna sandwich.

❖ 해석 & 해설

1
A: 그녀의 이름은 무엇이니?
B: 그녀의 이름은 Lucy야.
what (무슨) → Lucy

2
A: Kelly는 어디에 있니?
B: 그녀는 학교에 있어.
what (어디에) → at school

3
A: 저 소녀들은 누구니?
B: 그들은 우리 반 친구들이야.
who (누구) → my classmates

4
A: 너는 왜 그렇게 피곤하니?
B: 어젯밤 늦게까지 공부를 했기 때문이야.
why (왜) → because I studied late last night

5
A: 너의 취미는 무엇이니?
B: 내 취미는 피아노를 치는 것이야.
A: 지금 몇 시니?
B: 9시야.
what → 무엇, what+명사 → 무슨/몇 ~

6
A: 너는 노란색과 보라색 중 어떤 색을 더 좋아하니?
B: 나는 노란색을 더 좋아해.
A: 이것과 저것 중 어떤 책이 너의 것이니?
B: 저것이 내 것이야.
which → 어떤, which+명사 → 어떤 ~

7
A: 날씨가 어떠니?
B: 흐려.
A: 너는 얼마나 자주 이메일을 확인하니?
B: 나는 거의 매일 이메일을 확인해.
how → 상태, how often → 빈도

8
나는 지난 화요일에 팔을 다쳤다.
→ 너는 언제 팔을 다쳤니?
when (언제) → last Tuesday

9
Jane이 그 소식을 나에게 얘기해줬어.
→ 누가 너에게 그 소식을 얘기했니?
who (누가) → Jane

10
그것은 8개의 다리가 있어.
→ 문어는 몇 개의 다리가 있니?
how many+복수명사 (수) → eight legs

11
A: 너는 이 청바지를 언제 샀니?
B: 나는 어제 그것들을 샀어.
시간을 묻고 있으므로 when

12
A: 우리에게 얼마나 많은 시간이 필요하니?
B: 30분이 필요해.
time은 셀 수 없는 명사로 How much

13
A: 너는 왜 늦었니?
B: 내가 버스를 놓쳤기 때문이야.
be동사가 있는 의문문으로 '의문사+be동사+주어~?'의 형태

14
be동사가 있는 의문문으로 '의문사+be동사+주어~?'의 형태

15
be동사가 있는 의문문으로 '의문사+be동사+주어~?'의 형태

16
일반동사가 있는 의문문으로 '의문사+do/does/did+주어+동사~?'의 형태

17

A: Clare는 어디에 사니?

B: 그녀는 Toronto에 살아.

where → 장소로 대답

18

A: 너의 아버지는 키가 얼마나 크시니?

B: 그는 180cm이셔.

how tall → 키로 대답

19

A: 이 신발은 얼마인가요?

B: 30달러입니다.

how much → 가격(돈)으로 대답

20

A: 너는 점심으로 무엇을 먹었니?

B: 나는 참치 샌드위치를 먹었어.

what → 음식(사물)으로 대답

Chapter 8 여러 가지 문장 3

UNIT 01 명령문
p.050

Check-up

1	Hurry	**2**	Be	**3**	Stand
4	Do not	**5**	Don't be		

◈ 해설

1, 3 긍정 명령문은 동사원형으로 시작

2 뒤에 형용사가 있으므로 Be

4~5 부정 명령문은 'Do not[Don't]+동사원형'의 형태

STEP 1 - A

1	Try	**2**	Go	**3**	Be
4	move	**5**	Don't, forget		

◈ 해설

1~3 긍정 명령문은 동사원형으로 시작

4~5 부정 명령문은 'Do not[Don't]+동사원형'의 형태

STEP 1 - B

1	Turn	**2**	Wash
3	Don't, throw	**4**	Be, quiet
5	Don't, take		

◆ 해석

1 오른쪽으로 돌아라.

2 손을 씻어라.

3 여기에 쓰레기를 버리지 마라.

4 조용히 해라.

5 사진을 찍지 마라.

◈ 해설

1~2, 4 긍정 명령문은 동사원형으로 시작

3, 5 부정 명령문은 'Do not[Don't]+동사원형'의 형태

STEP 2 - A

1	Sit	**2**	Tell
3	touch	**4**	be

◈ 해설

1~2 긍정 명령문은 동사원형으로 시작
3~4 부정 명령문은 'Do not[Don't]+동사원형'의 형태

STEP 2 - B

1 Have a good trip.
2 Use one cup a day.
3 Make a big smile.
4 Don't make a noise.
5 Don't enter my room.

◈ 해설

1~3 긍정 명령문은 동사원형으로 시작
4~5 부정 명령문은 'Do not[Don't]+동사원형'의 형태

STEP 3 - A

1 Turn off the TV.
2 Don't be nervous.
3 Look at this picture.
4 Do not trust her
5 Don't open the window.

◈ 해설

1,3 긍정 명령문은 동사원형으로 시작
2,4~5 부정 명령문은 'Do not[Don't]+동사원형'의 어순

STEP 3 - B

1 Be happy.
2 Follow your dreams.
3 Do not[Don't] be disappointed.
4 Do not[Don't] make a mistake.

◈ 해설

1~2 긍정 명령문은 동사원형으로 시작
3~4 부정 명령문은 'Do not[Don't]+동사원형'의 어순으로 문장
완성

STEP 1 - A

1	Let's, have	**2**	Let's, go
3	Let's, eat	**4**	Let's, not, hurry
5	Let's, not, waste	**6**	Let's, not, talk

◈ 해설

1~3 긍정 제안문은 'Let's+동사원형'의 형태
4~6 부정 제안문은 'Let's not+동사원형'의 형태

STEP 1 - B

1	be friends	**2**	not ask
3	learning	**4**	make
5	meet		

◈ 해설

1 ~하자 → Let's+동사원형
2 ~하지 말자 → Let's not+동사원형
3 ~하는 게 어때? → How[What] about+동사원형-ing~?
4 우리 ~하는 게 어때? → Why don't we+동사원형~?
5 우리 ~할까? → Shall we+동사원형~?

STEP 2 - A

1	Let's, choose	**2**	Let's, use
3	Let's, take	**4**	Let's, not, wait
5	Let's, not, eat	**6**	Let's, not, be

◆ 해석

1 하나를 고르자.
2 그것을 다시 사용하자.
3 공원에서 산책하자.
4 더 이상 기다리지 말자.
5 오늘 밤에 외식하자.
6 학교에 늦지 말자.

◈ 해설

1~3 긍정 제안문은 'Let's+동사원형'의 형태
4~6 부정 제안문은 'Let's not+동사원형'의 형태

STEP 2 - B

1 How about buying   **2** What about doing
3 Shall we have   **4** Why don't we take
5 Let's join

◆ 해석
1 우리 간식을 좀 사는 게 어때?
→ 간식을 좀 사는 게 어때?
2 재미있는 것을 하자.
→ 재미있는 것을 하는 게 어때?
3 같이 점심 먹는 게 어때?
→ 우리 같이 점심 먹을까요?
4 우리 쉴까?
→ 우리 쉬는 게 어때?
5 사진 동아리에 가입하는 게 어때?
→ 사진 동아리에 가입하자.

◈ 해설
1 How about+동사원형-ing~?
2 What about+동사원형-ing~?
3 Shall we+동사원형~?
4 Why don't we+동사원형~?
5 Let's+동사원형

STEP 3 - A

1 Let's visit a gift shop.
2 Let's not go too far.
3 Let's taste this ice cream.
4 Let's not forget this moment.

◈ 해설
1,3 긍정 제안문은 'Let's+동사원형'의 어순으로 배열
2,4 부정 제안문은 'Let's not+동사원형'의 어순으로 배열

STEP 3 - B

1 Let's clean the house.
2 Shall we begin the lesson?
3 Why don't we take a picture here?
4 How about talking about our dreams?
5 Let's not play computer games.

◈ 해설
1 긍정 제안문은 'Let's+동사원형'의 어순으로 배열
2 'Shall we+동사원형 ~?'의 어순으로 배열
3 'Why don't we+동사원형 ~?'의 어순으로 배열
4 'How[What] about+동사원형-ing ~?'의 어순으로 배열
5 부정 제안문은 'Let's not+동사원형'의 어순으로 배열

STEP 1 - A

1 aren't you   **2** was it   **3** did he
4 don't they   **5** can't he

◆ 해석
1 너는 요리를 잘하지, 그렇지 않니?
2 시험은 어렵지 않았지, 그렇지?
3 그는 그 소식을 못 들었지, 그렇지?
4 그들은 프랑스어를 사용하지, 그렇지 않니?
5 Tom은 매우 빨리 달릴 수 있지, 그렇지 않니?

◈ 해설
1 be동사 부가의문문은 앞부분이 긍정이면 뒤는 'be동사의 부정형+주격 대명사'를 씀
2 be동사 부가의문문은 앞부분이 부정이면 뒤는 'be동사의 긍정형+주격 대명사'를 씀
3 일반동사 부가의문문은 앞부분이 부정이면 뒤는 'do/does/did+주격 대명사'를 씀
4 일반동사 부가의문문은 앞부분이 긍정이면 뒤는 'don't/doesn't/didn't+주격 대명사'를 씀
5 조동사 부가의문문은 앞부분이 긍정이면 뒤는 '조동사의 부정형+주격 대명사'를 씀

STEP 1 - B

1 isn't   **2** were   **3** don't
4 didn't   **5** can   **6** won't

◆ 해석
1 월요일이지, 그렇지 않니?
2 그들은 마당에 없었지, 그렇지?
3 너는 이 마을에 살지, 그렇지 않니?
4 너는 늦잠을 잤지, 그렇지 않니?
5 Ann은 자전거를 못 타지, 그렇지?
6 그 파티는 5시에 시작할 거지, 그렇지 않니?

◈ 해설
1 부가의문문 앞부분 동사가 is → isn't
2 부가의문문 앞부분 동사가 weren't → were
3 부가의문문 앞부분 동사가 live → don't
4 부가의문문 앞부분 동사가 slept → didn't
5 부가의문문 앞부분 동사가 can't → can
6 부가의문문 앞부분 동사가 will → won't

STEP 2 - A

1 isn't, he   **2** are, they   **3** was, it
4 didn't, he   **5** don't, you   **6** does, it
7 won't, he   **8** can, we

1 Mike는 너의 사촌이지, 그렇지 않니?
2 그들은 쌍둥이가 아니지, 그렇지?
3 그 게임은 재미있지 않았어, 그렇지?
4 그는 집에 일찍 왔지, 그렇지 않니?
5 너는 스파게티를 좋아하지, 그렇지 않니?
6 이 컴퓨터는 작동하지 않지, 그렇지?
7 Bill이 곧 여기 올 거지, 그렇지 않니?
8 우리는 물 없이는 살 수 없지, 그렇지?

◆ 해설

1 be동사 부가의문문은 앞부분이 긍정이면 뒤는 'be동사의 부정형+주격 대명사'를 씀
2 be동사 부가의문문은 앞부분이 부정이면 뒤는 'be동사의 긍정형+주격 대명사'를 씀
3 be동사 부가의문문은 앞부분이 부정이면 뒤는 'be동사의 긍정형+주격 대명사'를 씀
4 일반동사 부가의문문은 앞부분이 긍정이면 뒤는 'don't/doesn't/didn't+주격 대명사'를 씀
5 일반동사 부가의문문은 앞부분이 긍정이면 뒤는 'don't/doesn't/didn't+주격 대명사'를 씀
6 일반동사 부가의문문은 앞부분이 부정이면 뒤는 'do/does/did+주격 대명사'를 씀
7 조동사 부가의문문은 앞부분이 긍정이면 뒤는 '조동사의 부정형+주격 대명사'를 씀
8 조동사 부가의문문은 앞부분이 부정이면 뒤는 '조동사의 긍정형+주격 대명사'를 씀

STEP 2 - B

1 You broke my glasses, didn't you?
2 Robots are very helpful, aren't they?
3 This salad isn't fresh, is it?
4 The store closes on Sundays, doesn't it?
5 Lily won't join our club, will she?

◆ 해설

1 부가의문문 앞부분이 일반동사 과거, 긍정문으로 didn't가 되어야 함
2 부가의문문 앞부분의 주어가 복수명사로, 주격 대명사 they가 되어야 함
3 부가의문문 앞부분이 be동사 현재 부정문으로 is가 되어야 함
4 부가의문문 앞부분이 3인칭 단수 현재 긍정문으로 doesn't가 되어야 함
5 부가의문문 앞부분의 주어가 단수명사(여성)로, 주격 대명사 she가 되어야 함

STEP 3 - A

1 She can't dance well, can she?
2 He spent all his money, didn't he?
3 They aren't your classmates, are they?
4 You don't remember my name, do you?

◆ 해설

1 조동사 부가의문문은 앞부분이 부정이면 뒤는 '조동사의 긍정형+주격 대명사'를 씀
2 일반동사 부가의문문은 앞부분이 긍정이면 뒤는 'don't/doesn't/didn't+주격 대명사'를 씀
3 be동사 부가의문문은 앞부분이 부정이면 뒤는 'be동사의 긍정형+주격 대명사'를 씀
4 일반동사 부가의문문은 앞부분이 긍정이면 뒤는 'don't/doesn't/didn't+주격 대명사'를 씀

STEP 3 - B

1 Nora is a pretty girl, isn't she?
2 Jenny will help us, won't she?
3 He didn't take your advice, did he?
4 Bella always skips breakfast, doesn't she?
5 You weren't at home yesterday, were you?

◆ 해설

1 be동사 부가의문문은 앞부분이 긍정이면 뒤는 'be동사의 부정형+주격 대명사'를 씀
2 조동사 부가의문문은 앞부분이 긍정이면 뒤는 '조동사의 부정형+주격 대명사'를 씀
3 일반동사 부가의문문은 앞부분이 부정이면 뒤는 'do/does/did+주격 대명사'를 씀
4 일반동사 부가의문문은 앞부분이 긍정이면 뒤는 'don't/doesn't/didn't+주격 대명사'를 씀
5 be동사 부가의문문은 앞부분이 부정이면 뒤는 'be동사의 긍정형+주격 대명사'를 씀

Check-up

1 How   **2** What   **3** How
4 What

◈ 해설

1,3 how로 시작하는 감탄문: How+형용사/부사(+주어+동사)!

2,4 what으로 시작하는 감탄문: What+(a/an)+형용사+명사(+주어+동사)!

STEP 1 - A

1 How   **2** What   **3** What
4 How   **5** How   **6** How
7 What

◆ 해석

1 그녀는 정말 다정하구나!

2 정말 지저분한 방이구나!

3 그것들은 정말 키가 큰 나무들이구나!

4 그 남자는 정말 이상하구나!

5 세상은 정말 멋지구나!

6 이 사과들은 정말 달콤하구나!

7 네가 가진 뉴스는 정말 놀랍구나!

◈ 해설

1,4~6 how 감탄문: How+형용사/부사(+주어+동사)!

2~3,7 what 감탄문: What+(a/an)+형용사+명사(+주어+동사)!

STEP 1 - B

1 What a great palace

2 What an easy question

3 What heavy boxes

4 How fast

5 How thick

6 How clean

◆ 해석

1 그것은 정말 멋진 궁전이구나!

2 이것은 정말 쉬운 문제구나!

3 저것들은 정말 무거운 상자들이구나!

4 그는 정말 빨리 말하는구나!

5 그 책은 정말 두껍구나!

6 그의 집은 정말 깨끗하구나!

◈ 해설

1~3 what 감탄문: What+(a/an)+형용사+명사(+주어+동사)!

4~6 how 감탄문: How+형용사/부사(+주어+동사)!

STEP 2 - A

1 What a warm heart

2 What comfortable shoes

3 How interesting

4 How slowly

◆ 해석

1 너는 정말 따뜻한 마음을 가지고 있구나!

2 이것들은 정말 편한 신발이구나!

3 그 영화는 매우 흥미로웠어!

4 그 거북이는 정말 천천히 움직이는구나!

◈ 해설

1~2 what 감탄문: What+(a/an)+형용사+명사(+주어+동사)!

3~4 how 감탄문: How+형용사/부사(+주어+동사)!

STEP 2 - B

1 What tight jeans she is wearing!

2 What a big country it is!

3 What a great idea she has!

4 How hard he studies!

5 How lazy Ryan is!

◈ 해설

1 jeans가 복수명사이므로 a 삭제

2 뒤에 a+형용사+명사가 있으므로 what

3 'What+(a/an)+형용사+명사(+주어+동사)!'의 형태로 she has가 되어야 함

4 'How+형용사/부사(+주어+동사)!'의 형태로 a 삭제

5 뒤에 형용사가 있으므로 how

STEP 3 - A

1 How well she sings!

2 How healthy you look!

3 What a beautiful voice she has!

4 What a great hope you have!

5 What a handsome boy he is!

◈ 해설

1~2 how 감탄문은 'How+형용사/부사(+주어+동사)!'의 어순으로 배열

3~5 what 감탄문은 'What+(a/an)+형용사+명사(+주어+동사)!'의 어순으로 배열

1 What a perfect plan (it is)!
2 How fresh the air is!
3 How silly I am!
4 What an amazing job they did!

◈ 해설

1, 4 what 감탄문은 'What+(a/an)+형용사+명사(+주어+동사)!'의 어순으로 문장 완성

2~3 how 감탄문은 'How+형용사/부사(+주어+동사)!'의 어순으로 문장 완성

단답형&서술형

p.066

1 Be, quiet
2 Let's, take
3 Don't, talk
4 Let's, not, call
5 won't, you
6 isn't, he
7 did, she
8 What, big, eyes
9 How, beautiful
10 Don't be sad.
11 Let's have a cup of coffee.
12 This necklace looks expensive, doesn't it?
13 What a great singer he is!
14 Go straight down the street.
15 Why don't we play soccer after school?
16 How high the mountain is!
17 Dad can fix it, can't he?
18 How boring the movie was!
19 Let's not go out
20 ① isn't it ④ keep

❖ 해석 & 해설

1
긍정 명령문은 동사원형으로 시작

2
긍정 제안문은 'Let's+동사원형'의 형태

3
부정 명령문은 'Do not[Don't]+동사원형'의 형태

4
부정 제안문은 'Let's not+동사원형'의 형태

5
네가 나를 도와줄 거지, 그렇지 않니?
조동사 부가의문문은 앞부분이 긍정이면 뒤는 '조동사의 부정형+주격 대명사'를 씀

6
Collin 씨는 경찰관이지, 그렇지 않니?
be동사 부가의문문은 앞부분이 긍정이면 뒤는 'be동사의 부정형+주격 대명사'를 씀

7
Hannah는 물고기에게 먹이를 주지 않았지, 그렇지?
일반동사 부가의문문은 앞부분이 부정이면 뒤는 'do/does/did+주격 대명사'를 씀

8
너는 정말 눈이 크다. → 너는 눈이 정말 크구나!
what 감탄문: What+(a/an)+형용사+명사(+주어+동사)!

9
그 그림은 정말 아름답다. → 그 그림은 정말 아름답구나!
how 감탄문: How+형용사/부사(+주어+동사)!

10
슬퍼하지 마.
부정 명령문은 'Do not[Don't]+동사원형'의 형태로 형용사 sad 앞에 be가 와야 함

11
커피 한 잔 하자.
긍정 제안문에서 Let's 다음에는 동사원형이 오므로 have가 되어야 함

12
이 목걸이는 비싸 보이지, 그렇지 않니?
부가의문문의 앞부분이 일반동사 3인칭 단수 긍정문으로 doesn't가 되어야 함

13
그는 정말 훌륭한 가수구나!
'What+a+형용사+명사'의 구조가 되어야 하므로 How를 What으로 바꿔야 함

14
너는 이 길을 따라 곧장 간다. → 이 길을 따라 곧장 가시오.
긍정 명령문은 동사원형으로 시작

15
우리 방과 후에 축구 하자. → 우리 방과 후에 축구 하는 게 어때?
'Why don't we+동사원형 ~?'의 어순으로 배열

16
그 산은 정말 높다. → 그 산은 정말 높구나!
how 감탄문: How+형용사/부사(+주어+동사)!

17

A: 엄마, 내 시계가 고장 났어요. 아빠는 그것을 고칠 수 있죠, 그렇지 않나요?

B: 잘 모르겠는데. 아빠한테 물어보자.

조동사 부가의문문은 앞부분이 긍정이면 뒤는 '조동사의 부정형+주격 대명사'를 씀

18

A: 그 영화는 정말 지루했어!

B: 응. 나는 영화 도중에 잠이 들었어.

how 감탄문: How+형용사/부사(+주어+동사)!

19

A: 밖에 비가 세차게 내려.

B: 정말? 오늘은 외출하지 말자.

부정 제안문은 'Let's not+동사원형'의 형태

20

A: Kate의 생일이 다가오고 있어.

B: 이번 주 토요일이야, 그렇지 않니?

A: 응, 맞아. 그녀에게 깜짝 파티를 열어 주는 게 어때?

B: 좋은 생각이야.

A: 이건 비밀로 하자, 응?

B: 걱정하지 마. 그녀에게 말하지 않을 거야.

① be동사 부가의문문은 앞부분이 긍정이면 뒤는 'be동사의 부정형+주격 대명사'를 씀

④ 긍정 제안문은 'Let's+동사원형'의 형태

Chapter 9 형용사, 부사

UNIT 01 형용사의 종류와 역할   p.071

STEP 1 - A

1	ready	**2**	hungry	**3**	busy
4	good	**5**	sunny	**6**	poor
7	blue	**8**	delicious		

◆ 해석

1 준비 됐니?

2 나는 너무 배고프다.

3 그들은 바쁘다.

4 우리는 좋은 친구이다.

5 오늘 날씨가 화창하다.

6 그들은 불쌍한 아이들을 돕는다.

7 Sophia는 파란 모자를 쓰고 있다.

8 이것들은 맛있는 쿠키들이다.

◈ 해설

1 ready는 you(주어)를 보충 설명

2 hungry는 I(주어)를 보충 설명

3 busy는 they(주어)를 보충 설명

4 good은 friends를 수식

5 sunny는 it(주어)을 보충 설명

6 poor는 children을 수식

7 blue는 hat을 수식

8 delicious는 cookies를 수식

STEP 1 - B

1	friendly	**2**	her old car
3	a cute puppy	**4**	sleepy
5	anything new		

◆ 해석

1 Helen 매우 다정하다.

2 Mandy는 자신의 낡은 차를 팔았다.

3 그녀에게는 귀여운 강아지가 있다.

4 나는 수업 중에 졸렸다.

5 신문에는 새로운 것이 없었다.

◈ 해설

1 주어를 보충 설명하는 하는 형용사가 필요 → friendly

2~3 형용사가 명사 앞에서 명사를 수식할 때 a/an/the, 소유격 뒤에 위치

4 주어를 보충 설명하는 하는 형용사가 필요 → sleepy

5 -thing, -one, -body로 끝나는 대명사는 형용사가 뒤에서 수식

1 scary　　　　　　　**2** sour
3 beautiful　　　　　**4** great
5 comfortable

◆ 해석

[보기] 그녀는 긴 머리를 가졌다. → 그녀의 머리는 길다.

1 그것은 무서운 개다. → 그 개는 무섭다.
2 그것은 신 레몬이다. → 그 레몬은 신 맛이 난다.
3 그녀는 아름다운 목소리를 가졌다. → 그녀의 목소리는 아름답다.
4 너는 훌륭한 계획이 있다. → 너의 계획은 훌륭하게 들린다.
5 그것들은 편안한 신발이다. → 그 신발들은 편안하다.

◈ 해설

1~5 명사를 수식하는 형용사를 주어를 보충 설명하는 형용사로 바꿔 씀

1 It's my favorite hobby.
2 These are empty bottles.
3 I want something cold.
4 They live in a wild desert.
5 There is nothing interesting on this blog.

◆ 해석

1 그것은 내 취미이다. → 그것은 내가 가장 좋아하는 취미이다.
2 이것들은 병이다. → 이것들은 빈 병이다.
3 나는 무언가를 원한다. → 나는 차가운 무언가를 원한다.
4 그것들은 사막에 산다. → 그것들은 야생의 사막에 산다.
5 이 블로그에는 아무것도 없다. → 이 블로그에는 재미있는 것이 아무것도 없다.

◈ 해설

1~2, 4 형용사는 명사의 앞에서 형용사를 수식하므로 '형용사+명사'의 형태
3, 5 -thing, -one, -body로 끝나는 대명사는 형용사가 뒤에서 수식하므로 '-thing+형용사'의 형태

1 They are famous singers.
2 I am a huge fan of soccer.
3 The red roses smell sweet.
4 My little sister loves dolls.

◈ 해설

1 형용사가 주어를 보충 설명하므로 '주어+동사+형용사'의 어순으로 배열

2, 4 형용사가 명사를 수식하므로 명사 앞에 형용사를 써서 문장 배열
3 형용사(red)가 명사(roses)를 수식하고 있고, 형용사 sweet이 주어를 보충 설명하므로 '주어+동사+형용사' 어순으로 배열

1 We had a fantastic day.
2 I am proud of my family.
3 You will become confident.
4 Did you do anything fun
5 I visited an interesting place

◈ 해설

1, 5 형용사가 명사를 수식해야 하므로 명사 앞에 형용사를 써서 '주어+동사+a/an+형용사+명사'의 어순으로 문장 완성
2~3 형용사가 주어를 보충 설명하므로 '주어+동사+형용사'의 어순으로 문장 완성
4 -thing으로 끝나는 대명사는 형용사가 뒤에서 수식하므로 'Did+주어+do+-thing+형용사~?'의 어순으로 문장 완성

UNIT 02 부정 수량 형용사와 감정 형용사　　　p.075

1 much　　　**2** many　　　**3** a little
4 a few　　　**5** little　　　**6** few
7 any　　　　**8** some

◆ 해석

1 우리는 너무 많은 물을 사용한다.
2 내 책상 위에 많은 책들이 있다.
3 나는 약간의 설탕이 필요하다.
4 우리는 몇몇의 국가들을 방문했다.
5 그 가난한 남자는 돈이 거의 없다.
6 거리에는 사람이 거의 없었다.
7 나는 어떤 실수도 하지 않았다.
8 그것은 약간의 문제를 가지고 있었다.

◈ 해설

1 water는 셀 수 없는 명사로 much
2 books는 복수명사로 many
3 sugar는 셀 수 없는 명사로 a little
4 countries는 복수명사로 a few
5 money는 셀 수 없는 명사로 little
6 people은 복수명사로 few
7 부정문으로 any
8 긍정문으로 some

1	boring	**2**	disappointed
3	tiring	**4**	shocked
5	pleasing		

◆ 해석

1 그 영화는 지루하다.

2 나는 시험 성적에 실망했다.

3 그 일은 매우 피곤하게 한다.

4 우리는 그 소식에 충격을 받았다.

5 이 노래는 듣기 즐겁다.

◈ 해설

1 the movie (감정을 일으킴) → -ing

2 I (감정을 느낌) → -ed

3 the job (감정을 일으킴) → -ing

4 we (감정을 느낌) → -ed

5 this song (감정을 일으킴) → -ing

1	many	**2**	few	**3**	a little
4	a few	**5**	little		

◈ 해설

1 '많이'라는 의미이고, 뒤에 복수명사(fish)가 있으므로 many

2 '거의 없는'이라는 의미이고, 뒤에 복수명사(visitors)가 있으므로 few

3 '약간의'라는 의미이고, 뒤에 셀 수 없는 명사(milk)가 있으므로 a little

4 '몇몇의'라는 의미이고, 뒤에 복수명사(coins)가 있으므로 a few

5 '거의 없는'라는 의미이고, 뒤에 셀 수 없는 명사(information)가 있으므로 little

1 Do you have any interesting ideas?

2 The fireworks were amazing.

3 I am pleased with your letter.

4 You will be surprised at the result.

◆ 해석

1 재미있는 의견 좀 있으세요?

2 불꽃놀이는 굉장했다.

3 나는 너의 편지를 받아 기쁘다.

4 너는 그 결과에 놀랄 것이다.

◈ 해설

1 ideas는 감정을 일으키는 주체로 -ing 형태가 되어야 함

2 the fireworks는 감정을 일으키는 주체로 -ing 형태가 되어야 함

3 I는 감정을 느끼는 주체로 -ed 형태가 되어야 함

4 you가 감정을 느끼는 주체로 -ed 형태가 되어야 함

1 I bought many books yesterday.

2 She is interested in fashion.

3 He does a lot of housework.

4 The story was very touching.

◈ 해설

1 '주어+동사+부정 수량 형용사(many)+명사'의 어순으로 문장 배열

2 '주어+동사+감정 형용사(interested)'의 어순으로 문장 배열

3 '주어+동사+부정 수량 형용사(a lot of)+명사'의 어순으로 문장 배열

4 '주어+동사+감정 형용사(touching)'의 어순으로 문장 배열

1 use much water

2 Robots do many things

3 They left a few hours

4 Put a little salt

5 I don't have any plans

◈ 해설

1 부정 수량 형용사는 much는 '많은'이라는 의미로, 셀 수 없는 명사(water)를 수식한다. '주어+동사+부정 수량 형용사'의 어순으로 쓴다.

2 부정 수량 형용사는 many는 '많은'이라는 의미로, 셀 수 있는 명사(things)를 수식한다. '주어+동사+부정 수량 형용사+명사'의 어순으로 쓴다.

3 부정 수량 형용사는 a few는 '몇몇의'라는 의미로, 복수명사(hours)를 수식한다. '주어+동사+부정 수량 형용사+명사'의 어순으로 쓴다.

4 부정 수량 형용사는 a little는 '약간의'라는 의미로, 셀 수 없는 명사(salt)를 수식한다. 명령문이므로 '동사원형+부정 수량 형용사+명사'의 어순으로 쓴다.

5 부정문으로 '주어+don't+동사원형+any+명사'의 어순으로 쓴다.

STEP 1 - A

1 softly	**2** slowly	**3** carefully
4 loudly	**5** quietly	**6** kindly
7 wisely	**8** strangely	**9** fast
10 clearly	**11** quickly	**12** luckily
13 busily	**14** happily	**15** easily
16 simply		

◆ 해석

1 부드러운 → 부드럽게
2 느린 → 천천히, 느리게
3 신중한, 주의 깊은 → 신중하게, 주의 깊게
4 소리가 큰, 시끄러운 → 큰 소리로, 시끄럽게
5 조용한 → 조용하게
6 친절한 → 친절하게
7 현명한 → 현명하게
8 이상한 → 이상하게
9 빠른 → 빨리
10 분명한 → 분명하게
11 재빠른 → 재빨리
12 운이 좋은 → 운 좋게
13 바쁜 → 바쁘게
14 행복한 → 행복하게
15 쉬운 → 쉽게
16 간단한 → 간단하게

◈ 해설

1~8, 10~11 대부분의 형용사: 「형용사+-ly」
9 형용사와 형태가 같은 부사
12~15 -y로 끝나는 형용사: y를 i로 바꾸고+ly
16 자음+le로 끝나는 형용사: e를 빼고+-y

STEP 1 - B

1 really	**2** very	**3** slowly
4 quietly	**5** early	**6** easily
7 wisely	**8** Suddenly	

◆ 해석

1 너는 매우 속상해 보인다.
2 그는 매우 부지런한 남자이다.
3 달팽이들은 천천히 움직인다.
4 나는 거기에 조용하게 앉았다.
5 너는 일찍 일어나야 한다.
6 그녀는 쉽게 잊어버린다.
7 너의 돈을 지혜롭게 써라.
8 갑자기 Eric은 좋은 생각이 떠올랐다.

◈ 해설

1~2 형용사 수식
3~7 동사 수식
8 문장 전체 수식

STEP 2 - A

1 gently	**2** happily	**3** late
4 hard	**5** well	

◆ 해석

1 바람이 솔솔 분다.
2 우리 부모님은 행복하게 미소 지으셨다.
3 나는 오늘 아침에 늦게 일어났다.
4 우리는 경기에 대비해 열심히 연습하는 중이다.
5 Sammy는 춤을 매우 잘 춘다.

◈ 해설

1~2, 5 동사를 수식하는 부사 필요
3 '늦게'라는 의미의 부사 late는 형용사와 같은 형태
4 '열심히'라는 의미의 부사 hard는 형용사와 같은 형태

STEP 2 - B

1 fast, fast	**2** careful, carefully
3 quick, quickly	**4** real, really

◆ 해석

[보기] 우리 엄마는 훌륭한 요리사이다.
Sam은 피아노를 잘 친다.

1 그는 빠른 선수이다. 그녀는 매우 빠르게 헤엄쳤다.
2 그는 주의 깊은 운전자이다. Chris는 그의 말을 주의 깊게 들었다.
3 Ted는 빨리 배우는 사람이다. 그녀가 빠르게 전화를 받았다.
4 이것은 실제 이야기이다. 나는 정말로 네가 부럽다.

◈ 해설

1 runner(명사) 수식 → fast(형용사),
 swam(동사) 수식 → fast(부사)
2 driver(명사) 수식 → careful(형용사),
 listened(동사) 수식 → carefully(부사)
3 learner(명사) 수식 → quick(형용사),
 answered(동사) 수식 → quickly(부사)
4 story(명사) 수식 → real(형용사),
 envy(동사) 수식 → really(부사)
5 train(명사) 수식 → early(형용사),
 left(동사) 수식 → early(부사)

1 We are so happy.
2 Don't eat too many sweets.
3 I like Korean food very much.
4 He laughed loudly. / He loudly laughed.

◈ 해설

1 so가 형용사를 수식하는 부사로 '주어+동사+부사+형용사'의 어순으로 배열
2 too가 형용사를 수식하는 부사로 'Don't+동사+too+형용사+명사'의 어순으로 배열
3 very가 부사 much를 수식, much가 동사를 수식하는 부사로 '주어+동사+목적어+부사+부사'의 어순으로 배열
4 loudly가 동사를 수식하는 부사로 '주어+동사+부사' 또는 '주어+부사+동사'의 어순으로 배열

STEP 3 - B

1 They live happily in London.
2 The food is really cheap here.
3 Luckily, I found a free ticket.
4 The children sang beautifully.
5 I am[I'm] studying science hard.

◈ 해설

1 -y로 끝나는 형용사: y를 i로 바꾸고+ly, 부사가 동사를 수식해야 하므로 '주어+동사+부사'의 어순으로 문장 완성
2 대부분의 형용사: 「형용사＋-ly」, 부사가 형용사를 수식해야 하므로 '주어+동사+부사+형용사'의 어순으로 문장 완성
3 -y로 끝나는 형용사: y를 i로 바꾸고+ -ly, 부사가 문장 전체를 수식해야 하므로 '부사, 주어+동사'의 어순으로 문장 완성
4 대부분의 형용사: 「형용사＋-ly」, 부사가 동사를 수식해야 하므로 '주어+동사+부사'의 어순으로 문장 완성
5 hard는 형용사와 형태가 같은 부사이고, 동사를 수식해야 하므로 '주어+동사+목적어+부사'의 어순으로 문장 완성

UNIT 04 빈도부사   p.082

Check-up

1 always   2 usually   3 often
4 sometimes   5 never

◈ 해설

1 항상 → always
2 대개 → usually
3 자주 → often
4 가끔 → sometimes
5 절대 ~ 않는 → never

STEP 1 - A

1 will never   2 usually open
3 always tries   4 is often
5 sometimes sleep

◆ 해석

1 우리는 절대 포기하지 않을 것이다.
2 그들은 대개 10시에 문을 연다.
3 그는 항상 새로운 것을 시도한다.
4 그녀는 종종 일 때문에 피곤하다.
5 나는 가끔 TV를 켜 둔 채 잠을 잔다.

◈ 해설

1 빈도부사는 조동사 뒤에 위치
2~3,5 빈도부사는 일반동사 앞에 위치
4 빈도부사는 be동사 뒤에 위치

STEP 1 - B

1 is, sometimes   2 is, always
3 often, ride   4 usually, has
5 will, never, understand

◈ 해설

1~2 빈도부사는 be동사 뒤에 위치
3~4 빈도부사는 일반동사 앞에 위치
5 빈도부사는 조동사 뒤에 위치

1 You can always use my phone.
2 She often sends text messages to me.
3 Kate is sometimes angry at me.
4 He usually goes to bed at ten.
5 I am never bored at school.

◈ 해설

1 빈도부사는 조동사 뒤에 위치
2,4 빈도부사는 일반동사 앞에 위치
3,5 빈도부사는 be동사 뒤에 위치

1 I am always there for you.
2 Tina is usually free on Thursdays.
3 He will never change.
4 We often skip breakfast.
5 Ed sometimes walks his dog.

◆ 해석

1 내가 네 곁에 있어.
→ 내가 항상 네 곁에 있어.
2 Tina는 목요일에 한가하다.
→ Tina는 대개 목요일에 한가하다.
3 그는 변할 것이다.
→ 그는 절대 변하지 않을 것이다.
4 우리는 아침을 거른다.
→ 우리는 종종 아침을 거른다.
5 Ed는 그의 개를 산책시킨다.
→ Ed는 가끔 그의 개를 산책시킨다.

◈ 해설

1~2 빈도부사는 be동사 뒤에 위치
3 빈도부사는 조동사 뒤에 위치
4~5 빈도부사는 일반동사 앞에 위치

1 Her house is always cozy.
2 Clare sometimes wears shorts.
3 They usually care for each other.
4 He is never satisfied

◈ 해설

1,4 빈도부사는 be동사 뒤에 오므로 '주어+be동사+빈도부사〜'
의 어순으로 문장 배열
2~3 빈도부사는 일반동사 앞에 오므로 '주어+빈도부사+일반동
사〜'의 어순으로 문장 배열

1 I will always love them.
2 He often misses his hometown.
3 Sean sometimes goes fishing.
4 The traffic is usually heavy
5 You are never alone.

◈ 해설

1 빈도부사는 조동사 뒤에 오므로 '주어+조동사+빈도부사+동
사원형〜'의 어순으로 문장 완성
2~3 빈도부사는 일반동사 앞에 오므로 '주어+빈도부사+일반동
사〜'의 어순으로 문장 완성
4~5 빈도부사는 be동사 뒤에 오므로 '주어+be동사+빈도부사
〜'의 어순으로 문장 완성

UNIT 05 비교급과 최상급　　p.087

1 taller, tallest
2 cuter, cutest
3 bigger, biggest
4 funnier, funniest
5 more difficult, most difficult
6 more useful, most useful
7 less, least

◆ 해석

1 키가 큰 – 더 키가 큰 – 가장 키가 큰
2 귀여운 – 더 귀여운 – 가장 귀여운
3 큰 – 더 큰 – 가장 큰
4 재미있는 – 더 재미있는 – 가장 재미있는
5 어려운 – 더 어려운 – 가장 어려운
6 유용한 – 더 유용한 – 가장 유용한
7 적은 – 더 적은 – 가장 적은

◈ 해설

1~2 대부분의 형용사/부사: + er/-est
3 「단모음+단자음」으로 끝나는 형용사/부사: 자음을 한 번 더
쓰고+-er/-est
4 「자음+y」로 끝나는 형용사/부사: y를 i로 바꾸고+-er/-est
5~6 2~3 음절 이상의 형용사/부사: more+원급/most+원급
7 불규칙 변화로 little – less – least

1 shorter   **2** thinner   **3** smallest
4 cheaper

◆ 해석
1 소년은 소녀보다 키가 작다.
2 그녀는 전보다 날씬하다.
3 야구공이 가장 작은 공이다.
4 자두가 복숭아보다 더 저렴하다.

◈ 해설
1 '더 작은'이라는 의미가 되어야 하므로 shorter
2 '더 날씬한'이라는 의미가 되어야 하고 「단모음+단자음」으로 끝나는 형용사로 thinner
3 '가장 작은'이라는 의미가 되어야 하므로 smallest
4 '더 저렴한'이라는 의미가 되어야 하므로 cheaper

1 better   **2** tastier
3 cooler   **4** more difficult
5 worst   **6** most important
7 smartest   **8** newest

◆ 해석
1 나는 너보다 그림을 더 잘 그린다.
2 그것은 피자보다 더 맛있다.
3 밖이 점점 시원해지고 있다.
4 나에게는 수학이 역사보다 더 어렵다.
5 오늘이 내 인생의 최악의 날이다.
6 건강은 가장 중요한 것이다.
7 John은 반에게 가장 똑똑한 소년이다.
8 이곳이 마을에서 가장 새로운 경기장이다.

◈ 해설
1 불규칙 변화로 well – better – best
2 「자음+y」로 끝나는 형용사/부사: y를 i로 바꾸고+ -er/-est
3, 7~8 대부분의 형용사/부사: + -er/-est
4, 6 2~3 음절 이상의 형용사/부사: more+원급/most+원급
5 불규칙 변화로 bad – worse – worst

1 I feel better than yesterday.
2 Soccer is the most popular sport.
3 We made the biggest snowman.
4 Who has the most friends?

◈ 해설
1 '더 좋다'의 의미가 되어야 하므로 비교급, 불규칙 변화로 good – better – best
2 popular는 2, 3 음절로 끝나는 형용사이고 '가장 인기 있는'의 의미가 되어야 하므로 most popular가 되어야 함
3 big은 「단모음+단자음」으로 끝나는 형용사이고 '가장 큰'의 의미가 되어야 하므로 biggest
4 '가장 많은'의 의미가 되어야 하므로 최상급, 불규칙 변화로 many – more – most

1 China is larger than Korea.
2 I get up earlier than Emily.
3 This book is more interesting than that one.
4 The church is the oldest building.
5 Ron is the best player

◈ 해설
1~3 비교급 문장으로 '주어+동사+형용사/부사의 비교급+than 비교 대상'의 어순으로 문장 배열
4~5 최상급 문장으로 '주어+동사+the 형용사/부사의 최상급+명사'의 어순으로 문장 배열

1 I sleep less than five hours.
2 Sneakers are more comfortable than boots.
3 English is the easiest subject
4 This tower is the most famous place

◈ 해설
1~2 비교급 문장으로 '주어+동사+형용사/부사의 비교급+than 비교 대상'의 어순으로 문장 완성
3~4 최상급 문장으로 '주어+동사+the 형용사/부사의 최상급+명사'의 어순으로 문장 완성

1 happily
2 really
3 touching
4 excited
5 (1) many (2) much
6 (1) some (2) any
7 (1) a few (2) a little
8 harder
9 worse
10 richest
11 most beautiful
12 I saw something strange.
13 You look nice in that sweater.
14 She often plays with her pet dog.
15 Ted is never late for school.
16 ③ my broken bike
17 I don't usually see them
18 older, youngest
19 lighter, heaviest
20 faster, slowly

❖ 해석 & 해설

1
동사를 수식하는 부사가 되어야 하고, happy는 -y로 끝나는 형용사로 y를 i로 바꾸고 +ly

2
형용사를 수식하는 부사가 되어야 하고, 대부분의 형용사는 「형용사+-ly」

3
the movie가 감정을 일으키는 주체로 -ing 형태가 되어야 함

4
I가 감정을 느끼는 주체로 -ed의 형태가 되어야 함

5
(1) 지하철에 사람이 많다.
(2) 지난겨울에 눈이 많이 내리지 않았다.
many+복수명사, much+셀 수 없는 명사

6
(1) 그는 정원에 약간의 채소를 심었다.
(2) 나는 어떤 선택권도 없다.
긍정문 some, 부정문 any

7
(1) Lena는 시장에서 몇 가지를 샀다.
(2) 병에 우유가 조금 있다.
a few+복수명사, a little+셀 수 없는 명사

8
Jack은 그의 여동생보다 더 열심히 공부한다.
'더 열심히'라는 의미가 되어야 하므로 비교급, 대부분의 형용사/부사: +-er

9
날씨가 어제보다 다 나쁘다.
'더 나쁜'이라는 의미가 되어야 하므로 비교급, bad는 불규칙 변화로 worse

10
George는 우리 마을에서 가장 부유한 사람이다.
'가장 부유한'이라는 의미가 되어야 하므로 최상급, 대부분의 형용사/부사: +-est

11
Susan은 우리 반에서 가장 예쁜 소녀이다.
'가장 예쁜'이라는 의미가 되어야 하므로 최상급, 2~3 음절 이상의 형용사/부사: most+원급

12
나는 이상한 무언가를 보았다.
-thing, -one, -body로 끝나는 대명사는 형용사가 뒤에서 수식

13
너에게 그 스웨터가 잘 어울린다.
주어를 보충 설명하는 형용사가 필요하므로 nicely → nice

14
그녀는 자신의 애완견과 논다. → 그녀는 종종 자신의 애완견과 논다.
빈도부사는 일반동사 앞에 위치

15
Ted는 학교에 늦는다. → Ted는 절대 학교에 늦지 않는다.
빈도부사는 be동사 뒤에 위치

16~17
A: Tommy야, 너는 주말에 계획이 있니?
B: 응, 그래. 나는 캠핑 여행을 갈 거야.
A: 정말 재미있을 것 같아.
B: 너는 이번 주말에 뭐 할 거니?
A: 토요일에는 나의 고장 난 자전거를 아빠와 고칠 거야. 일요일에는 항상 조부모님 댁에 가.
B: 그것도 재미있을 거 같아.
A: 우리 조부모님은 멀리 살아서, 나는 그분들을 평소에 못 만나. 나는 그분들이 정말 보고 싶어.

16
형용사가 명사 앞에서 명사를 수식할 때 a/an/the, 소유격 뒤에 위치

17
빈도부사는 조동사 뒤에 오므로 '주어+조동사+빈도부사+동사원형~'의 어순으로 문장 완성

18
나이: Willy는 Ryan보다 나이가 많다. Shelly가 가장 어린 동물이다.
'더 나이가 많은', '가장 어린'이라는 의미가 되어야 하므로 older, youngest

19
무게: Shelly는 Ryan보다 가볍다. Willy가 가장 무거운 동물이다.
'더 가벼운', '가장 무거운'이라는 의미가 되어야 하므로 lighter, heaviest

20
속력: Ryan은 Willy보다 더 빨리 헤엄친다. Shelly가 가장 느리게 헤엄친다.
'더 빨리', '가장 느리게'라는 의미가 되어야 하므로 faster, most slowly

Chapter 10 다양한 동사와의 연결고리

UNIT 01 조동사 (can, may, must, should) p.095

STEP 1 - A

1 can	2 may	3 must
4 should	5 must	

◈ 해설
1 ～할 수 있다 (능력) → can
2 ～일지도 모른다 (추측) → may
3 ～해야 한다 (의무) → must
4 ～해야 한다 (의무, 충고) → should
5 ～임에 틀림없다 (강한 추측) → must

STEP 1 - B

1 Should, wait	2 May, sit
3 may, know	4 cannot, speak
5 should, get	6 must, not, tease

◆ 해석
1 제가 더 오래 기다려야 하나요?
2 제가 당신 옆에 앉아도 될까요?
3 Alex가 그 사실을 알고 있을지도 모른다.
4 나는 스페인어를 잘 못한다.
5 너는 내일 일찍 일어나야 한다.
6 너는 너의 친구들을 놀리면 안 된다.

◈ 해설
1~2 조동사 의문문은 '조동사+주어+동사원형 ～?'의 형태
3,5 '조동사+동사원형'의 형태
4,6 조동사 부정문은 '조동사+not+동사원형'의 형태

STEP 2 - A

1 Can, borrow	2 may, be
3 can, fix	4 must, reduce

◈ 해설
1 '빌려도 될까'라는 의미로 can(허가), borrow
2 '있을지도 모른다'라는 의미로 may(추측), be
3 '고칠 수 있다'라는 의미로 can(능력), fix
4 '줄여야 한다'라는 의미로 must(의무), reduce

STEP 2 - B

1 You should not fight with your friends.
2 It may rain tonight.
3 Can Oliver jump high?
4 May I have your name?
5 You must be polite to your teachers.

◈ 해설
1 조동사 부정문: '조동사+not+동사원형'
2,5 '조동사+동사원형'
3~4 조동사 의문문: '조동사+주어+동사원형～?'

STEP 3 - A

1 Should we leave early?
2 We can buy things
3 Rick must be a smart boy.
4 I should return these books
5 You may not believe this story.

◈ 해설
1 조동사 의문문으로 '조동사+주어+동사원형～?'의 어순으로 배열
2~4 조동사 평서문으로 '주어+조동사+동사원형'의 어순으로 배열
5 조동사 부정문으로 '주어+조동사+not+동사원형'의 어순으로 배열

STEP 3 - B

1 May[Can] I go to the restroom?
2 We must not[mustn't] forget our history.
3 They may go skating tomorrow.
4 Can you answer the question?
5 I cannot[can't] remember his birthday.

◈ 해설
1 허가를 구하는 조동사 의문문으로 'Can/May+주어+동사원형～?'의 어순으로 문장 완성
2 금지를 나타내는 조동사 문장으로 '주어+must+not+동사원형'의 어순으로 문장 완성
3 추측을 나타내는 조동사 문장으로 '주어+may+동사원형'의 어순으로 문장 완성
4 능력을 묻는 조동사 의문문으로 'Can+주어+동사원형～?'의 어순으로 문장 완성
5 능력을 나타내는 조동사 부정문으로 '주어+cannot/can't+동사원형'의 어순으로 문장 완성

STEP 1 - A

1 and　　　**2** or　　　**3** when
4 because　　**5** if

◈ 해설
1 그리고 → and
2 또는 → or
3 ~ 할 때 → when
4 ~ 때문에 → because
5 만약 ~라면 → if

STEP 1 - B

1 a, jacket　　　**2** expensive
3 exercise　　　**4** they argued

◆ 해석
1 나는 티셔츠를 샀다. 나는 재킷을 샀다.
　→ 나는 티셔츠와 재킷을 샀다.
2 그 집은 멋지다. 그곳은 비싸다.
　→ 그 집은 멋지지만 비싸다.
3 많은 사람들이 공원에서 휴식을 취한다. 그들은 공원에서 운동을 한다.
　→ 많은 사람들이 공원에서 휴식을 취하거나 운동을 한다.
4 그들은 생각이 다르다. 그들은 말다툼을 했다.
　→ 그들은 생각이 달랐기 때문에 말다툼을 했다.

◈ 해설
1~3 and, but, or는 문법적으로 같은 종류의 말을 연결
4 because가 이끄는 종속절은 주절의 앞에 올 수 있고 쉼표(,)로 구분

STEP 2 - A

1 but I'm not good at it
2 or at school
3 when he was young
4 because he got up late
5 if it is sunny tomorrow

◆ 해석
1 나는 수학을 좋아한다. 나는 그것을 잘 못한다.
　→ 나는 수학을 좋아하지만, 그것을 잘 못한다.
2 그녀는 집에 있을지도 모른다. 그녀는 학교에 있을지도 모른다.
　→ 그녀는 집 아니면 학교에 있을지도 모른다.
3 David는 브라질에 살았다. 그는 어렸다.
　→ David는 어렸을 때 브라질에 살았다.
4 그는 늦게 일어났다. 그는 학교 버스를 놓쳤다.
　→ 그는 늦게 일어나서 학교 버스를 놓쳤다.

5 내일 화창할 것이다. 우리는 하이킹을 갈 것이다.
　→ 만약 내일 화창하면 우리는 하이킹을 갈 것이다.

◈ 해설
1 but → 서로 반대되는 내용 연결
2 or → 선택해야 하는 내용 연결
3 when+때
4 because+원인/이유
5 if+조건

STEP 2 - B

1 My grandma is old but healthy.
2 Her favorite subjects are English and P.E.
3 When I'm sad, I eat strawberry ice cream.
4 Is the baby a girl or a boy?
5 We stayed at home because it rained heavily.

◈ 해설
1 앞뒤가 반대되는 내용으로 but
2 앞뒤가 서로 비슷한 내용으로 and
3 접속사절이 시간을 나타내므로 when
4 앞뒤가 선택해야 하는 내용으로 or
5 접속사절이 원인/이유를 나타내므로 because

STEP 3 - A

1 People are singing and dancing
2 Fred is little, but his dream is big.
3 Ask me if you have any questions. /
　If you have any questions, ask me.
4 Everyone likes her because she is friendly. /
　Because she is friendly, everyone likes her.
5 I was very shy when I was young. /
　When I was young, I was very shy.

◈ 해설
1 and는 문법적으로 같은 종류의 말을 연결하므로 '주어+be동사+V-ing and V-ing'의 어순으로 배열
2 but은 문법적으로 같은 종류의 말을 연결하므로 '주어+동사, but 주어+동사'의 어순으로 배열
3 if는 조건을 나타내는 접속사로 문장과 문장을 연결하므로, '주어+동사 if 주어+동사(조건)' 또는 'if 주어+동사(조건), 주어+동사'의 어순으로 배열
4 because는 원인/이유를 나타내는 접속사로 문장과 문장을 연결하므로, '주어+동사 because 주어+동사(원인/이유)' 또는 'because 주어+동사(원인/이유), 주어+동사'의 어순으로 배열
5 when은 시간을 나타내는 접속사로 문장과 문장을 연결하므로 '주어+동사 when 주어+동사(시간)' 또는 'when 주어+동사(시간), 주어+동사'의 어순으로 배열

1 Sam will buy flowers or a gift
2 Kelly ordered a hamburger and French fries.
3 If you want, you can have my cookies.
4 When I got up, it was ten
5 I am tired because I did not[didn't] sleep well

◆ 해설

1 앞뒤 중 선택해야 하는 내용으로 or를 사용해 문장 완성
2 앞뒤가 서로 비슷한 내용으로 and을 사용해 문장 완성
3 접속사절이 조건을 나타내므로 if를 사용해 문장 완성
4 접속사절이 시간을 나타내므로 when을 사용해 문장 완성
5 접속사절이 원인/이유를 나타내므로 because로 문장 완성

UNIT 03 명령문, and/or   p.102

Check-up

1 and   2 or   3 and
4 or

◆ 해설

1,3 명령문, and: ~해라, 그러면 …할 것이다
2,4 명령문, or: ~해라, 그렇지 않으면 …할 것이다

STEP 1 - A

1 and   2 or   3 and
4 or   5 and

◆ 해설

1,3,5 명령문, and: ~해라, 그러면 …할 것이다
2,4 명령문, or: ~해라, 그렇지 않으면 …할 것이다

STEP 1 - B

1 or   2 or   3 and
4 or   5 and   6 and

◆ 해석

1 조심해라, 그렇지 않으면 다칠지도 모른다.
2 빨리 식사를 끝내라, 그렇지 않으면 늦을 것이다.
3 Eva에게 물어봐라, 그러면 그녀가 이유를 얘기해줄 것이다.
4 내 충고를 들어, 그렇지 않으면 후회할 것이다.
5 일찍 와라, 그러면 공짜 표를 받을 것이다.
6 택시를 타, 그러면 거기에 제시간에 도착할 것이다.

◆ 해설

1~2,4 명령문, or: ~해라, 그렇지 않으면 …할 것이다
3,5~6 명령문, and: ~해라, 그러면 …할 것이다

1 Hurry up, and
2 Take this medicine, and
3 Take an umbrella, or
4 Take some rest, or
5 Be quiet, or

◆ 해석

1 만약 네가 서두르면 버스를 잡을 것이다.
  → 서둘러라, 그러면 너는 버스를 잡을 것이다.
2 만약 네가 이 약을 먹으면 좋아질 것이다.
  → 이 약을 먹어라, 그러면 좋아질 것이다.
3 만약 네가 우산을 가지고 가지 않으면, 너는 비에 젖을 것이다.
  → 우산을 가지고 가라, 그렇지 않으면 너는 비에 젖을 것이다.
4 만약 네가 쉬지 않으면 나중에 피곤할 것이다.
  → 쉬어라, 그렇지 않으면 나중에 피곤할 것이다.
5 만약 네가 조용하지 않으면 아기가 깰 것이다.
  → 조용히 해라, 그렇지 않으면 아기가 깰 것이다.

◆ 해설

1~2 If ~, 주어+동사 = 명령문, and
3~5 If ~ not, 주어+동사 = 명령문, or

1 If you smile often
2 If you press this button
3 If you visit our website
4 If you don't walk faster
5 If you don't put on your coat

◆ 해석

1 자주 웃어라, 그러면 더 행복할 것이다.
  → 만약 네가 자주 웃으면 더 행복할 것이다.
2 이 버튼을 눌러라, 그러면 문이 닫힐 것이다.
  → 만약 네가 버튼을 누르면 문이 닫힐 것이다.
3 우리 웹사이트를 방문해라, 그러면 더 많은 정보를 얻을 수 있을 것이다.
  → 만약 당신이 우리의 웹사이트를 방문하면 더 많은 정보를 얻을 수 있을 것이다.
4 더 빨리 걸어라, 그렇지 않으면 기차를 놓칠 것이다.
  → 만약 네가 더 빨리 걷지 않으면 기차를 놓칠 것이다.
5 외투를 입어라, 그렇지 않으면 감기에 걸릴 것이다.
  → 만약 네가 외투를 입지 않으면 감기에 걸릴 것이다.

◆ 해설

1~3 명령문, and = If ~, 주어+동사
4~5 명령문, or = If ~ not, 주어+동사

1 Wash your hands, and I will give
2 Get out of here, or I will scream.
3 Eat vegetables, and you will stay
4 Say sorry to her, or I will punish you.

◈ 해설

1,3 '~해라, 그러면 …할 것이다'라는 의미로 '명령문, and 주어+동사'의 어순으로 배열

2,4 '~해라, 그렇지 않으면 …할 것이다'라는 의미로 '명령문, or 주어+동사'의 어순으로 배열

1 Eat less, and you will lose weight.
2 Watch your step, or you will fall.
3 Practice hard, and you will win the game.
4 Finish your homework, or you cannot[can't] watch TV.
5 Take this bus, and you will get to the museum.

◈ 해설

1,3,5 '~해라, 그러면 …할 것이다'라는 의미로 '명령문, and 주어+동사'의 어순으로 문장 완성

2,4 '~해라, 그렇지 않으면 …할 것이다'라는 의미로 '명령문, or 주어+동사'의 어순으로 문장 완성

UNIT 04 전치사 (in, on, at)   p.106

Check-up

1	in	2	on	3	at
4	in				

◈ 해설
1 in+계절
2 on+요일
3 at+특정 시점
4 in+나라

1	on	2	in	3	at
4	in	5	on	6	at
7	on	8	at	9	in
10	on				

◆ 해석
1 크리스마스 날에
2 8월에
3 3시에
4 교실에서
5 소파에
6 문가에
7 바닥에
8 점심시간에
9 상자 안에
10 벽에

◈ 해설
1 on+특정한 날
2 in+월
3 at+구체적인 시각
4 in+특정 장소 안
5 on+표면 위에 접촉한 상태
6 at+하나의 지점
7 on+표면 위에 접촉한 상태
8 at+특정 시점
9 in+특정 장소 안
10 on+표면 위에 접촉한 상태

1	at	2	on	3	in

◈ 해설
1 at+구체적인 시각
2 on+표면 위에 접촉한 상태
3 in+특정 장소 안

1	in	2	in	3	at
4	at	5	in	6	on
7	on				

◈ 해설

1 in+나라
2 in+계절
3 at+구체적인 시각
4 at+특정 시점
5 in+하루의 때
6 on+요일
7 on+표면 위에 접촉한 상태

STEP 2 - B

1 Robert will arrive at midnight.
2 He spent his vacation in Hawaii.
3 There are plates and bowls on the shelf.
4 The new semester starts in September.
5 We should drink a lot of water on hot days.

◈ 해설

1 특정 시점 → at
2 나라, 도시 → in
3 표면 위에 접촉한 상태 → on
4 월 → in
5 특정한 날 → on

STEP 3 - A

1 We moved here in 2019.
2 They are usually busy on Saturdays.
3 People will walk around on the moon.
4 We watched a soccer game at the stadium.

◈ 해설

1~4 전치사는 명사나 대명사 앞에 써서 시간, 장소를 나타내는 말로 '주어+동사(+목적어)+전치사+명사/대명사'의 어순으로 문장 배열

STEP 3 - B

1 The bank opens at nine o'clock.
2 It is going to be sunny in the afternoon.
3 I left my wallet at home.
4 She put her stuff on the table.
5 people eat special food on New Year's Day

◈ 해설

1~5 전치사는 명사나 대명사 앞에 써서 시간, 장소를 나타내는 말로 '주어+동사(+목적어)+전치사+명사/대명사'의 어순으로 문장 완성

Check-up

1 to study, studying   2 to arrive, arriving
3 to run, running

◈ 해설

1~3 to부정사: to + 동사원형
동명사: 동사원형 + -ing

STEP 1 - A

1 To ride   2 to become
3 to read   4 to solve
5 to write

◈ 해설

1~5 to부정사: to + 동사원형

STEP 1 - B

1 playing   2 Getting
3 taking   4 Travel(l)ing
5 exercising

◈ 해설

1~5 동명사: 동사원형 + -ing

STEP 2 - A

1 to take pictures
2 to buy a new car
3 to become a dentist
4 to get an A
5 to meet her favorite singer

◈ 해설

1 like + to부정사 / 동명사
2 decide + to부정사
3 want + to부정사
4~5 보어로 쓰인 to부정사

STEP 2 - B

1 Clare and Brian enjoy dancing.
2 She finished cleaning her closet.
3 He misses living with his grandparents.
4 They love singing on the stage.
5 When I was little, I hated eating vegetables.

◈ 해설

1 enjoy + 동사원형-ing(동명사)
2 finish + 동사원형-ing(동명사)
3 miss + 동사원형-ing(동명사)
4 love + 동사원형-ing(동명사) / to부정사
5 hate + 동사원형-ing(동명사) / to부정사

STEP 3 - A

1 To meet new people is a lot of fun.
2 the girl started to cry
3 His dream is making a flying car.
4 What do you plan to do
5 We gave up winning the game.

◈ 해설

1 to부정사가 주어로 쓰인 문장으로 'to부정사(주어)+동사+보어'의 어순으로 배열
2 to부정사가 목적어로 쓰인 문장으로 '주어+동사+to부정사(목적어)'의 어순으로 배열
3 동명사가 보어로 쓰인 문장으로 '주어+동사+동명사(보어)'의 어순으로 배열
4 to부정사가 목적어로 쓰인 문장으로 '의문사+do+주어+동사원형+to부정사(목적어)'의 어순으로 배열
5 동명사가 목적어로 쓰인 문장으로 '주어+동사+동명사(목적어)'의 어순으로 배열

STEP 3 - B

1 To see[Seeing] the Great Wall of China is amazing.
2 His job is to fix[fixing] airplanes.
3 I want to be a fashion designer.
4 Mark enjoys visiting new places.

◈ 해설

1 '～하는 것'이라는 의미로 주어가 되어야 하므로 '주어(to부정사/동명사)+동사+보어'의 어순으로 문장 완성
2 '～하는 것'이라는 의미로 보어가 되어야 하므로 '주어+동사+보어(to부정사/동명사)'의 어순으로 문장 완성
3 '～하는 것'이라는 의미로 목적어가 되어야 하고, 동사가 want로 '주어+동사+목적어(to부정사)'의 어순으로 문장 완성
4 '～하는 것'이라는 의미로 목적어가 되어야 하고, 동사가 enjoy로 '주어+동사+목적어(동명사)'의 어순으로 문장 완성

단답형&서술형

1 Can
2 must[should]
3 May[Can]
4 in
5 at
6 on
7 to try
8 to travel[travel(l)ing]
9 building
10 I had a big party on my birthday.
11 She may be angry with you.
12 You can choose meat or fish for dinner.
13 The story must be true.
14 The hotel is very old but (it is) clean.
15 He liked Sally when he was young. /
   When he was young, he liked Sally.
16 I took a taxi because I was late. /
   Because I was late, I took a taxi.
17 Read this book, and you will like it.
   If you read this book, you will like it.
18 Speak loudly, or I cannot[can't] hear you.
   If you do not[don't] speak loudly,
   I cannot[can't] hear you.
19 and
20 We must[should] wear warm clothes.

❖ 해석 & 해설

1
A: Chris는 피아노를 칠 수 있니?
B: 응. 그는 매우 잘 쳐.
능력을 나타내므로 can

2
A: 물이 아주 깊어.
B: 응. 우리는 여기서 수영하면 안 돼.
금지를 나타내고 뒤에 not이 있으므로 must/should

3
A: 이름을 여쭤봐도 될까요?
B: 물론이죠. 제 이름은 Jessica예요.
허가를 나타내므로 may/can

4
Rachel은 지난달에 로마에 있었다.
우리 여름 방학은 7월에 시작한다.
in+도시, in+월

5

비행기는 2시 30분에 도착한다.
나는 Smith 씨를 버스정류장에서 보았다.
at+구체적인 시각, at+하나의 지점

6

우리는 화요일에 영어 시험이 있다.
그들은 벽에 가족사진을 걸고 있다.
on+요일, on+표면 위에 접촉한 상태

7

나는 이 당근 케이크를 먹어보길 원한다.
want는 to부정사를 목적어로 쓰는 동사

8

그의 꿈은 세계를 여행하는 것이다.
'~하는 것'이라는 의미의 보어가 필요하므로 to부정사/동명사

9

그들은 나무집을 짓는 것을 포기했다.
give up은 동명사를 목적어로 쓰는 동사

10

나는 내 생일에 큰 파티를 했다.
on+특정한 날

11

그녀가 너에게 화가 나 있는지도 모른다.
조동사는 주어의 인칭과 수에 관계없이 항상 같은 형태

12

너는 저녁으로 고기 또는 생선을 고를 수 있다.
선택해야 하는 내용을 연결하므로 or

13

그 이야기는 사실임에 틀림없다.
조동사 다음에는 동사원형이 옴

14

그 호텔은 매우 오래됐다. 그곳은 깨끗하다.
→ 그 호텔은 매우 오래됐지만 깨끗하다.
but은 앞뒤가 서로 반대되는 내용 연결

15

그는 Sally를 좋아했다. 그는 어렸다.
→ 그가 어렸을 때 그는 Sally를 좋아했다.
when+때

16

나는 늦었다. 나는 택시를 탔다.
→ 나는 늦었기 때문에 택시를 탔다.
because+원인/이유

17

'~해라, 그러면 …할 것이다'
명령문, and = If ~, 주어+동사

18

'~해라, 그렇지 않으면 …할 것이다'
명령문, or = If ~ not, 주어+동사

19~20

A: 너 일기 예보 확인했니?
B: 응. 오늘 춥고 눈이 내릴 거래.
A: 그럼, 우리는 따뜻한 옷을 입어야겠네.
B: 좋은 생각이야.

19 서로 비슷한 것을 연결하므로 and

20 '주어+조동사+동사원형~'의 어순으로 문장 완성

통문장 암기훈련
워크북 [정답 및 해설]

p.118~121

Chapter 6 여러 가지 문장 1

Unit 01 be동사 문장

1 I am very tired.
2 You are safe now.
3 They were in New York last week.
4 My grandpa was a police officer.
5 We are not at the library.
6 They were not expensive.
7 Is she our English teacher?
8 Was Ted in the museum?

Unit 02 There is / There are

1 There is an old house on the hill.
2 There is milk in the bottle.
3 There are swans in the pond.
4 There are two rulers on the desk.
5 There is not enough time.
6 There are not any lions at the zoo.
7 Is there a problem with your phone?
8 Are there letters in the mail box?

Unit 03 일반동사 문장 1 (현재)

1 She tells about her dream.
2 We play board games.
3 He remembers me.
4 This bus goes downtown.
5 He doesn't watch scary movies.
6 They don't work on weekends.
7 Does it sound strange?
8 Do they use a lot of water?

Unit 04 일반동사 문장 2 (과거)

1 I made a lot of mistakes.
2 My uncle studied law at college.
3 She knew all the answers.
4 We cleaned up the house yesterday.
5 They didn't buy anything.
6 I didn't give up.
7 Did he believe you?
8 Did she lose the money?

Chapter 7 여러 가지 문장 2

Chapter 8 여러 가지 문장 3

Unit 01 의문사 의문문 1 (who, what, which)

1 What is your name?
2 What is he doing?
3 Who painted this picture?
4 Who did you talk to?
5 Which way is the library?
6 Which do you prefer, chicken or fish?
7 What time is it now?
8 Which book is yours, this or that?

Unit 02 의문사 의문문 2 (when, where, why, how)

1 When do you eat dinner?
2 When is the snow festival?
3 Where is the restroom?
4 Where is Kate now?
5 Why do you think so?
6 Why are you late?
7 How is the weather?
8 How do I look?

Unit 03 의문사 의문문 3 (how+형용사/부사)

1 How old are you?
2 How much is that?
3 How far is the hospital?
4 How long did they wait?
5 How often does he clean his room?
6 How tall is the tower?
7 How big is her garden?
8 How many friends do you have?

Unit 01 명령문

1 Close the door.
2 Pass me the salt.
3 Be happy.
4 Be a good student.
5 Don't be late.
6 Don't be disappointed.
7 Don't forget your homework.
8 Don't throw trash here.

Unit 02 제안문/청유문

1 Let's clean the house.
2 Let's visit a gift shop.
3 Let's not hurry.
4 Let's not waste time.
5 How about learning new things?
6 Why don't we go to the beach?
7 Why don't we buy some snacks?
8 Shall we begin the lesson?

Unit 03 부가의문문

1 It's Monday, isn't it?
2 You're a good cook, aren't you?
3 The game wasn't exciting, was it?
4 They speak French, don't they?
5 You don't walk to school, do you?
6 He didn't hear the news, did he?
7 Jessica can't swim, can she?
8 The party will start at five, won't it?

Unit 04 감탄문

1 What a perfect plan (it is)!
2 What a beautiful voice she has!
3 What a warm heart you have!
4 What comfortable shoes these are!
5 How hard he studies!
6 How interesting the movie was!
7 How fresh the air is!
8 How long the bridge is!

Chapter 9 형용사, 부사

Unit 01 형용사의 종류와 역할

1 This song is popular.
2 This is my new bike.
3 They help poor children.
4 They are busy.
5 The lemon tastes sour.
6 You have a great plan.
7 They are famous singers.
8 We had a fantastic day.

Unit 02 부정 수량 형용사와 감정 형용사

1 Harry caught many[a lot of / lots of] fish.
2 This place has few visitors.
3 They left a few hours ago.
4 Put a little salt in my soup.
5 The movie is boring.
6 Do you have any interesting ideas?
7 We were shocked at the news.
8 I am pleased with your letter.

Unit 03 부사의 형태와 역할

1 Mr. Thompson is very rich.
2 I sat there quietly.
3 I like Korean food very much.
4 The food is really cheap here.
5 The children sang beautifully.
6 Lucy studies hard at school.
7 Snails move slowly.
8 Spend your money wisely.

Unit 04 빈도부사

1 We usually finish school at three.
2 They usually open at ten.
3 It often rains in London.
4 I sometimes sleep with the TV on.
5 It is always full of people.
6 I will always love them.
7 You are never alone.
8 He is never satisfied with his grades.

Unit 05 비교급과 최상급

1 This year is hotter than last year.
2 I get up earlier than Emily.
3 It is[It's] tastier than pizza.
4 This book is more interesting than that one.
5 Health is the most important thing.
6 Ron is the best player in the team.
7 English is the easiest subject for me.
8 This tower is the most famous place in the city.

Chapter 10 다양한 동사와의 연결고리

Unit 01 조동사 (can, may, must, should)

1 I can ride a bike.
2 Can you play the piano?
3 May I sit here?
4 She may not be at home.
5 We must follow the school rules.
6 Rick must be a smart boy.
7 You should not fight with your friends.
8 Should I finish this today?

Unit 02 접속사 (and, but, or, because, when, if)

1 The game is simple and easy.
2 I packed a T-shirt and a jacket .
3 Fred is little, but his dream is big.
4 Do you want soup or salad?
5 They were happy because they won the game. /
   Because they won the game, they were happy.
6 He did not[didn't] go to school because he
   was sick. / Because he was sick, he did not
   [didn't] go to school.
7 I listen to music when I am[I'm] tired. /
   When I am[I'm] tired, I listen to music.
8 Ask me if you have any questions. /
   If you have any questions, ask me.

Unit 03 명령문, and/or

1 Go to bed early, and you will[you'll] wake up
   early.
2 Exercise regularly, and you will[you'll] be healthy.
3 Tell me the truth, and I will[I'll] forgive you.
4 Hurry up, and you will[you'll] catch the bus.
5 Write it down, or you will[you'll] forget it.
6 Finish your homework, or you cannot[can't]
   watch TV.
7 Be quiet, or the baby will wake up.
8 Put on your coat, or you will[you'll] catch a
   cold.

Unit 04 전치사 (in, on, at)

1 Ken lives in Thailand.
2 It is cold and dry in (the) winter.
3 They are usually busy on Saturdays.
4 She put her stuff on the table.
5 His apartment is on the second floor.
6 We can see the stars at night.
7 The concert begins at 2:30.
8 I saw Brian at the bus stop.

Unit 05 to부정사와 동명사

1 To ride a bike is fun.
2 He likes to read comic books.
3 My goal is to get an A in math.
4 They decided to buy a new car.
5 Getting up early is a good habit.
6 His job is fixing airplanes.
7 She finished cleaning her closet.
8 Mark enjoys visiting new places.

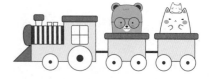

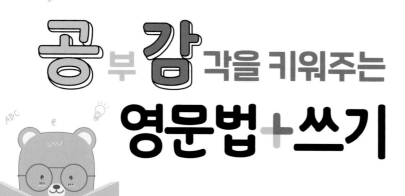

중학교 서술형을 대비하는 기적 같은 첫걸음

* 처음 영작문을 시작하는 기초 영문법+쓰기 입문서

* 두 권으로 끝내는 중등 내신 서술형 맛보기

* 간단하면서도 체계적으로 정리된 이해하기 쉬운 핵심 문법 설명

* 학교 내신 문제의 핵심을 정리한 Step-by-Step 영문법+쓰기

* 통문장 암기 훈련 워크북으로 스스로 훈련하며 영문법 완전 마스터

* 어휘 출제 마법사를 통한 어휘 리스트, 테스트 제공

이번 생에 영문법은 처음이라...

	초1	초2	초3	초4	초5	초6	중1	중2	중3	고1	고2	고3

Writing

- 공감 영문법+쓰기 1~2
- 도전만점 중등내신 서술형 1~4
- 영어일기 영작패턴 1-A, B · 2-A, B
- Smart Writing 1~2

Reading

- Reading 101 1~3
- Reading 공감 1~3
- This Is Reading Starter 1~3
- This Is Reading 전면 개정판 1~4
- This Is Reading 1-1 ~ 3-2 (각 2권; 총 6권)
- 원서 술술 읽는 Smart Reading Basic 1~2
- 원서 술술 읽는 Smart Reading 1~2
- [특급 단기 특강] 구문독해 · 독해유형

Listening

- Listening 공감 1~3
- The Listening 1~4
- After School Listening 1~3
- 도전! 만점 중학 영어듣기 모의고사 1~3
- 만점 적중 수능 듣기 모의고사 20회 · 35회

TEPS

- NEW TEPS 입문편 실전 250+ 청해 · 문법 · 독해
- NEW TEPS 기본편 실전 300+ 청해 · 문법 · 독해
- NEW TEPS 실력편 실전 400+ 청해 · 문법 · 독해
- NEW TEPS 마스터편 실전 500+ 청해 · 문법 · 독해

이것이 THIS IS 시리즈다!

THIS IS GRAMMAR 시리즈

▷ 중·고등 내신에 꼭 등장하는 어법 포인트 분석 및 총정리

강남인강 강의교재

THIS IS READING 시리즈

▷ 다양한 소재의 지문으로 내신 및 수능 완벽 대비

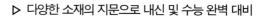

강남인강 강의교재

THIS IS VOCABULARY 시리즈

▷ 주제별로 분류한 교육부 권장 어휘

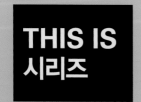

THIS IS 시리즈

무료 MP3 및 부가자료 다운로드
www.nexusbook.com
www.nexusEDU.kr

THIS IS GRAMMAR 시리즈

Starter 1~3	영어교육연구소 지음	205×265	144쪽	각 권 12,000원
초·중·고급 1·2	넥서스영어교육연구소 지음	205×265	250쪽 내외	각 권 12,000원

THIS IS READING 시리즈

Starter 1~3	김태연 지음	205×265	156쪽	각 권 12,000원
1·2·3·4	넥서스영어교육연구소 지음	205×265	192쪽 내외	각 권 10,000원

THIS IS VOCABULARY 시리즈

입문	넥서스영어교육연구소 지음	152×225	224쪽	10,000원
초·중·고급·어원편	권기하 지음	152×225	180×257	344쪽~444쪽	10,000원~12,000원
수능 완성	넥서스영어교육연구소 지음	152×225	280쪽	12,000원
뉴텝스	넥서스 TEPS연구소 지음	152×225	452쪽	13,800원